Fim da Linha

Roteiro de
Gustavo Steinberg e Guilherme Werneck

Storyboard de Fabio Moon e Gabriel Bá

CB015158

Fim da Linha

Roteiro de
Gustavo Steinberg e Guilherme Werneck

Storyboard de Fabio Moon e Gabriel Bá

imprensaoficial

São Paulo, 2008

GOVERNO DO ESTADO DE
SÃO PAULO
TRABALHANDO POR VOCÊ

Governador   José Serra

imprensaoficial   **Imprensa Oficial do Estado de São Paulo**

Diretor-presidente   Hubert Alquéres

Coleção Aplauso

Coordenador Geral   Rubens Ewald Filho

Apresentação

Segundo o catalão Gaudí, *Não se deve erguer monumentos aos artistas porque eles já o fizeram com suas obras.* De fato, muitos artistas são imortalizados e reverenciados diariamente por meio de suas obras eternas.

Mas como reconhecer o trabalho de artistas geniais de outrora, que para exercer seu ofício muniram-se simplesmente de suas próprias emoções, de seu próprio corpo? Como manter vivo o nome daqueles que se dedicaram a mais volátil das artes, escrevendo dirigindo e interpretando obras primas, que têm a efêmera duração de um ato?

Mesmo artistas da TV pós-videoteipe seguem esquecidos, quando os registros de seu trabalho ou se perderam ou são muitas vezes inacessíveis ao grande público.

A *Coleção Aplauso*, de iniciativa da Imprensa Oficial, pretende resgatar um pouco da memória de figuras do Teatro, TV e Cinema que tiveram participação na história recente do País, tanto dentro quanto fora de cena.

Ao contar suas histórias pessoais, esses artistas dão-nos a conhecer o meio em que vivia toda uma classe que representa a consciência crítica da sociedade. Suas histórias tratam do contexto social no qual estavam inseridos e seu inevitável reflexo na arte. Falam do seu engajamento político em épocas adversas à livre expressão e as conseqüências disso em suas próprias vidas e no destino da nação.

Paralelamente, as histórias de seus familiares se entrelaçam, quase que invariavelmente, à saga dos milhares de imigrantes do começo do século passado no Brasil, vindos das mais variadas origens. Enfim, o mosaico formado pelos depoimentos compõe um quadro que reflete a identidade e a imagem nacional, bem como o processo político e cultural pelo qual passou o país nas últimas décadas.

Ao perpetuar a voz daqueles que já foram a própria voz da sociedade, a *Coleção Aplauso* cumpre um dever de gratidão a esses grandes símbolos da cultura nacional. Publicar suas histórias e personagens, trazendo-os de volta à cena, também cumpre função social, pois garante a preservação de parte de uma memória artística genuinamente brasileira, e constitui mais que justa homenagem àqueles que merecem ser aplaudidos de pé.

José Serra
Governador do Estado de São Paulo

Coleção Aplauso

O que lembro, tenho.
Guimarães Rosa

A *Coleção Aplauso*, concebida pela Imprensa Oficial, visa a resgatar a memória da cultura nacional, biografando atores, atrizes e diretores que compõem a cena brasileira nas áreas de cinema, teatro e televisão. Foram selecionados escritores com largo currículo em jornalismo cultural para esse trabalho em que a história cênica e audiovisual brasileiras vem sendo reconstituída de maneira singular. Em entrevistas e encontros sucessivos estreita-se o contato entre biógrafos e biografados. Arquivos de documentos e imagens são pesquisados, e o universo que se reconstitui a partir do cotidiano e do fazer dessas personalidades permite reconstruir sua trajetória.

A decisão sobre o depoimento de cada um na primeira pessoa mantém o aspecto de tradição oral dos relatos, tornando o texto coloquial, como se o biografado falasse diretamente ao leitor.

Um aspecto importante da *Coleção* é que os resultados obtidos ultrapassam simples registros biográficos, revelando ao leitor facetas que também caracterizam o artista e seu ofício. Biógrafo e biografado se colocaram em reflexões que se estenderam sobre a formação intelectual e ideológica do artista, contextualizada na história brasileira, no tempo e espaço da narrativa de cada biografado.

São inúmeros os artistas a apontar o importante papel que tiveram os livros e a leitura em sua vida, deixando transparecer a firmeza do pensamento crítico ou denunciando preconceito seculares que atrasaram e continuam atrasando nosso país. Muitos mostraram a importância para a sua formação terem atuado tanto no teatro quanto no cinema e na televisão, adquirindo, linguagens diferenciadas – analisando-as com suas particularidades.

Muitos títulos extrapolam os simples relatos biográficos, explorando – quando o artista permite – seu universo íntimo e psicológico, revelando sua autodeterminação e quase nunca a casualidade por ter se tornado artista – como se carregasse desde sempre, seus princípios, sua vocação, a complexidade dos personagens que abrigou ao longo de sua carreira.

São livros que, além de atrair o grande público, interessarão igualmente a nossos estudantes, pois na *Coleção Aplauso* foi discutido o processo de criação que concerne ao teatro, ao cinema e à televisão. Desenvolveram-se temas como a construção dos personagens interpretados, a análise, a história, a importância e a atualidade de alguns dos personagens vividos pelos biografados. Foram examinados o relacionamento dos artistas com seus pares e diretores, os processos e as possibilidades de correção de erros no exercício do teatro e do cinema, a diferença entre esses veículos e a expressão de suas linguagens.

Gostaria de ressaltar o projeto gráfico da *Coleção* e a opção por seu formato de bolso, a facilidade para ler esses livros em qualquer parte, a clareza de suas fontes, a iconografia farta e o registro cronológico de cada biografado.

Se algum fator específico conduziu ao sucesso da *Coleção Aplauso* – e merece ser destacado –, é o interesse do leitor brasileiro em conhecer o percurso cultural de seu país.

À Imprensa Oficial e sua equipe coube reunir um bom time de jornalistas, organizar com eficácia a pesquisa documental e iconográfica e contar com a disposição e o empenho dos artistas, diretores, dramaturgos e roteiristas. Com a *Coleção* em curso, configurada e com identidade consolidada, constatamos que os sortilégios que envolvem palco, cenas, coxias, *sets* de filmagem, textos, imagens e palavras conjugados, e todos esses seres especiais – que nesse universo transitam, transmutam e vivem – também nos tomaram e sensibilizaram.

É esse material cultural e de reflexão que pode ser agora compartilhado com os leitores de todo o Brasil.

Hubert Alquéres
Diretor-presidente da
Imprensa Oficial do Estado de São Paulo

O Roteiro

Quando o Gustavo me chamou em sua casa para me mostrar a primeira versão do argumento do que viria a ser o *Fim da Linha* eu fiquei maluco. Quando ele convidou para mexer no argumento com ele, tive certeza de que estava embarcando numa das maiores aventuras da minha vida. A idéia inicial de uma chuva de dinheiro sobre uma manifestação pela paz tinha o caráter carbonário e a ironia que combinava perfeitamente com o meu humor e, mais, com uma visão de Brasil que oscila entre o cínico e o romântico, entre o sagaz e o ingênuo.

A partir das mudanças do argumento começamos a escrever o roteiro. No final, foi quase um ano todo revisando as idéias, propondo o entrelaçamento das tramas, trazendo à luz e assassinando personagens. Mas isso, mal sabia eu, inexperiente que sou no ofício do cinema, era só o começo de um processo muito mais rico e instigante.

Mesmo quando o roteiro parecia pronto, ele mudou depois de algumas sessões de conversas com amigos. O roteiro trata de sete histórias cruzadas, traz uma infinidade de personagens e não é nada fácil azeitar as engrenagens. Essas discussões foram fundamentais para sedimentar o entendimento, didatizar certas partes, refazer o ritmo das subtramas. Mas, ainda assim, não era quase nada comparado ao que viria pela frente.

Roteiro pronto, eu, Gustavo e amigos satisfeitos, e começa o quebra-cabeças de transformar aquelas idéias que servem tão bem à imaginação em imagens. Primeiro desafio: encontrar os rostos daqueles personagens. O Gustavo passava os dias testando atores e eu ia, depois de cumprir as funções da minha vida produtiva num grande jornal paulistano, ver os testes e conversar com ele, com a Cássia, a produtora do *casting* e com a Maria Brant sobre cada um dos personagens. Esse é um dos trabalhos mais difíceis. Mas será que determinado ator vai ser mesmo um Artur convincente? Quem vai ser o chefe dos velhinhos. Qual atriz vai ser a Renata. O engraçado é que se parece tudo nebuloso quando se tem nas mãos 50 atores diferentes para o papel, quando você encontra o ator certo, tudo parece fazer sentido.

Quando foram escolhidos os atores, a minha participação no *Fim da Linha* diminuiu drasticamente. Ainda continuei sugerindo nomes para determinadas funções e tarefas no filme, dei meus palpites em locações, figurino, essas coisas. Mas, na hora da filmagem, era a vez de o Gustavo ficar totalmente concentrado e intuí, acho que de forma correta, que a minha presença nos *sets* de filmagem ia atrapalhar mais do que ajudar. Claro, não resisti e acompanhei algumas cenas. Mas minha presença ali era a de mero espectador.

Só voltei a me envolver com o filme quando surgiram os primeiros cortes, as primeiras montagens. Essa, confesso, é a parte mais difícil. O roteiro se baseia sempre na liberdade da imaginação. Filme pronto, e é hora de lidar com a realidade das imagens. Há a emoção de se identificar e identificar no filme aquilo que era construção ideal e o tempo para assimilar que o que você vê na mente não é o que se vê na tela. Isso, imagino, acontece com todos os roteiristas. Penso até que com mais roteiros nas costas, seja mais fácil de se acostumar a essa sensação. Mas as primeiras vezes que você assiste às versões do filme, há sempre um embate entre o real e o ideal. Se é assim na vida, por que não seria no cinema?

A partir daí, foi a parte mais gostosa e, de todas, a que eu me senti mais à vontade. Ajudar a selecionar as músicas para a trilha sonora. Dias na frente do toca-discos, do cd *player* e do computador para garimpar as músicas que deixariam aquela história melhor. Qual som combinava com determinada cena, qual banda poderia complementar nossas idéias. E o mais gostoso foi compartilhar esse trabalho com o Gustavo e a Maria.

Todas as coisas das quais a gente acaba se esquecendo com o nervoso da estréia, com o filme ganhando o mundo. Quando chega a hora de mostrar o filme no cinema, ele já não é mais seu, não importa o quanto de trabalho exista, ele é do mundo.

Guilherme Werneck

A Direção

A idéia de desenvolver um *storyboard* completo para o filme *Fim da Linha* tem direta relação com o meu histórico como cineasta. Tendo já sido produtor de alguns longas-metragens, conheço bem o cotidiano de um *set* de filmagem: por vezes, o tempo é tão curto para resolver todos os problemas que aparecem, que o espaço, na hora da filmagem, para a reflexão do diretor – muito freqüentemente também co-produtor do filme aqui no Brasil, como também era o meu caso –, acaba sendo pequeno.

Assim, ao estrear na direção, decidi que era fundamental fazer o *storyboard* do filme inteiro. A idéia era a de ter o tempo de maturação necessário para pensar toda a decupagem do filme com bastante antecedência para que, no turbilhão da filmagem, conseguisse atingir o que eu queria filmar. Se sobrasse tempo, poderia então aproveitar alguma inspiração que surgisse na hora, como de fato aconteceu algumas vezes.

Além disso, o *storyboard* é um instrumento importantíssimo para agilizar a filmagem para os outros membros da equipe técnica, que passam a compartilhar com o diretor exatamente o que será filmado, da equipe de arte ao técnico de som, passando, é claro, pelo fotógrafo, que esteve presente, na figura de Aloysio Raulino, durante todo o processo de desenvolvimento dos desenhos.

Já conhecia Fábio Moon e Gabriel Bá por seus fantásticos desenhos em *10 Pãezinhos*. Fiquei muito contente quando eles aceitaram o desafio e fico ainda mais contente de poder agora compartilhar o resultado com os leitores, graças ao apoio da Imprensa Oficial.

Gustavo Steinberg

Os *Storyboards*

O desenho de *storyboard* de um filme não precisa ser rebuscado, não é a mesma coisa que desenhar uma história em quadrinhos. Esse desenho é o meio do caminho, é mais um passo entre a concepção da história e o filme final. As semelhanças com os quadrinhos são a preocupação com os enquadramentos (a posição da câmera) e com a composição (como dispor os elementos em cena para chamar a atenção do espectador), e essas preocupações funcionam bem até com um desenho mais simples. Às vezes, funcionam até melhor com o traço mais sintético.

Da mesma maneira como alguns diálogos mudam do roteiro para quando são ditos pelos personagens, nem todos os ângulos são os mesmos que eu desenhei, e essa característica orgânica e imprevisível de participar de um filme foi uma das razões que me atraíram ao projeto. Eu faço imagens estáticas para uma história em movimento, coloco personagens inventados onde, depois, atores darão uma nova dimensão aos meus traços no papel. Você faz a sua parte sem saber muito bem como vai ficar o final da história e, vendo tudo pronto, acaba até esquecendo que participou daquela história quando ela ainda estava começando.

Fábio Moon

Fim da Linha

Roteiro de Filme Longa-metragem
Gustavo Steinberg e Guilherme Werneck

Vemos fotos de época em preto e branco e imagens de matérias de jornal de Boston da década de 20 relatando e ambientando as peripécias de Charles Ponzi (a primeira imagem de Ponzi é apresentada somente no momento em que o nome dele é mencionado no texto abaixo). Cada imagem fica alguns segundos parada na tela. Após a sucessão ritmada e razoavelmente lenta de cerca de 5 imagens (cada uma fica uns 3 segundos na tela), começamos a ouvir o *off* abaixo. As imagens continuam se sucedendo no mesmo ritmo durante o *off*, sempre fixas na tela.

ARTUR – *OFF*:

No mundo do cinema, o Brasil é retratado como o típico paraíso de vigaristas, um lugar seguro para onde se pode escapar depois de algum grande golpe. Existe, porém, uma história de um vigarista que realmente veio parar no Brasil, uma história mais conhecida pelos americanos do que pelos brasileiros. É a história do italiano Carlo Ponzi. Charles Ponzi, como os americanos o chamavam, conseguiu realizar um dos mais impres-

1. Plano meio do peito

*Artur levanta os selos
colocando-os em quadro*

sionantes esquemas de pirâmide da história, em Boston, em 1920.

Esquemas de pirâmide são extremamente simplórios e já eram conhecidos em 1920. Ainda assim, Charles Ponzi conseguiu convencer milhares de pessoas de que tinha achado a chave para o lucro fácil – selos internacionais de correio. Esses selos eram vendidos e aceitos internacionalmente. Devido a uma diferença de câmbio, eles custavam quatro vezes mais nos Estados Unidos do que em outros países. Ponzi dizia comprar os selos fora do país e revendê-los nos Estados Unidos, conseguindo obter 400% de lucro. Com base nessa história, ele prometia lucros de 100% num prazo de 90 dias àqueles interessados em investir em seu empreendimento. Remunerando os primeiros investidores adequadamente, como se faz em esquemas de pirâmide, Ponzi conseguiu angariar, em oito meses, o equivalente a cerca de 300 milhões de dólares em valores atuais.

SEQÜÊNCIA 0 INT – ESCRITÓRIO DE PONZI
(supostamente nos EUA, possivelmente fachada)

Vemos ARTUR, com microfone sorvetão na mão, olhando para a câmera em estilo de reportagem. Ele segura 2 selos na mão.

Obs.: contraste dos bilhetes de loteria (legibilidade)
Rebatedor

2 opções:
1.A. Plano médio 45° com referência da vitrine de lotérica e Ernesto – Ernesto entra na lotérica com mesmo enquadramento (correção com pan?)

Ernesto sai da lotérica com o mesmo enquadramento.
[É bom que ele dê uma parada na porta e olhe para os lados na rua, porque até agora só o vimos de costas. Depois olha para o bilhete e o amassa pouco à frente, para que seja possível Daniel pegá-lo em primeiro plano] Correção com pan para acompanhar a caminhada de Ernesto

Daniel entra em quadro em primeiro plano (quando Ernesto já se afastou um pouco); foco em ambos; abaixa para pegar o bilhete (sem correção de tilt); levanta meio de perfil para a câmera para que possamos vê-lo; vira-se novamente para Ernesto para observá-lo já a distância; na volta com o bilhete é que podemos ler os números

3. Cobertura: plano próximo do bilhete na mão de Daniel, bilhete sendo amassado e jogado no chão; câmera acompanha a queda no chão

ARTUR:
Durante a existência de sua empresa, Ponzi de fato chegou a comprar os selos internacionais.
Comprou esses dois selos, que mantinha como amostra em seu escritório. Os selos custaram 10 centavos de dólar.

Título do filme

SEQÜÊNCIA 1 EXT – DIA – EM FRENTE À CASA LOTÉRICA

ERNESTO, cerca de 60 anos, com terno de grife, está parado em frente à casa lotérica, conferindo jogos prontos de loteria expostos na vitrine. Confere de perto cada jogo.

A certo ponto, entra na casa lotérica. Após alguns segundos, sai com um bilhete de loteria na mão e vai andando pela calçada. Em seguida, pára e olha um pouco irritado para o bilhete. Amassa o bilhete com raiva e o joga na rua. Sai andando decidido pela calçada, desaparecendo de cena.

DANIEL, 15 anos de idade, classe média alta, com mochila nas costas, aproxima-se do bilhete caído na rua. Ele olha para ERNESTO – que já está a distância. Pega o bilhete de loteria do chão e o observa. Olha novamente para ERNESTO com muita seriedade. Joga o bilhete no chão com desprezo e se afasta.

*Obs.: Buterfly 2 X 2 m
ou maior*

*Tentar achar figurantes
índios sem ter que ir filmar
na reserva…*

*1. Frontal estilo TV, da
própria câmera de Artur
(igual à nossa câmera);
índio olha para a câmera;
há alguns índios em quadro
mais ao fundo, também
olhando para a câmera*

*Com o mesmo quadro, índio
pára de olhar para a câmera
e olha para Artur, que está
operando a câmera e fala
em off*

SEQÜÊNCIA 2 EXT – DIA – RESERVA INDÍGENA

Cena em estilo documental de ÍNDIOS irritados cercando um repórter de televisão (ARTUR) que tenta conversar com eles. A maioria dos ÍNDIOS está de *shorts,* sem camiseta e com sandália de borracha. ARTUR tem um pouco mais de 40 anos e filma sozinho as imagens da entrevista. Vemos a entrevista já em andamento.

ARTUR (gravando com câmera de vídeo):
Mas em troca do que vocês querem dinheiro?

CHEFE:
Da dança da chuva, é claro.

ARTUR:
Eu vou pedir pra você tentar repetir a pergunta na resposta. Por exemplo, se eu pergunto "em troca do que vocês querem o dinheiro", você responde "eu quero o dinheiro em troca de tarará, tarará..."

CHEFE (solícito)
Ah, tudo bem.

ARTUR
Então vamo lá?

CHEFE
Vamo.

Índio volta a olhar para a câmera

2. Plano conjunto atrás de Artur filmando o índio

(*no* tá bom assim?, *índio volta a olhar para Artur?*)
3. Plano fechado no índio

4. *Artur em* off

5. Plano fechado em Artur

6. Plano fechado no índio

ARTUR
Em troca do que vocês querem o dinheiro?

CHEFE
A gente quer o dinheiro pra fazer a dança da chuva... (a Artur) Tá bom assim?

ARTUR
Tá ótimo. Pode continuar.

CHEFE
Sabe há quanto tempo a gente já faz a dança da chuva de graça?

ARTUR
Quanto?

CHEFE
Mais de mil anos... Boa vontade tem limite, né?

ARTUR
Mas você não vê uma contradição em fazer uma greve de dança da chuva?

CHEFE
Que contradição?! Não tem contradição nenhuma.

ARTUR
O que eu quero dizer é que é difícil fazer uma greve de um serviço que ninguém compra.

7. *Mesmo plano fechado em Artur*

8. *Plano fechado em índio*

9. *Mesmo plano fechado em Artur*

10. *Plano fechado em índio*

1. *Pan (ou carrinho) na altura do peito dos índios atrás do chefe (e mais alguns que estavam fora de quadro à direita do quadro); não muito rápida para combinar com a dos velhinhos, ou seja, o chefe não está aí neste plano*

Obs.: pano branco para vedar luz do dia (se necessário); 575 HMI, ligeirinho DVD com programa de TV Não adianta tentar Shopping Iguatemi???

1. *Pan (ou ligeirinho) dos velhinhos semelhante à dos índios, mas no sentido inverso, chegando até a TV*

CHEFE
Mas o problema é exatamente esse. Ninguém compra. É um absurdo!

ARTUR
Mas se ninguém compra, o que é que adianta fazer uma greve?

CHEFE (bem sério e pragmático)
Olha, o negócio é o seguinte se não der dinheiro, a gente não dança. Se não dançar, não chove. Se não chover, não enche a represa. Se não encher a represa, não tem água pra hidroelétrica. Se não tiver água pra hidroelétrica, não tem luz. Se não tiver luz, com'é que fica? (breve pausa) É mais barato pagar a gente, não é?

Os outros ÍNDIOS continuam seriíssimos.

Fusão para o preto.

SEQÜÊNCIA 3 INT – DIA – ASILO DE VELHINHOS

Cena em estilo documental de um asilo decadente em São Paulo. Cerca de 30 VELHINHOS decrépitos babam hipnotizados em frente a uma televisão em sala comum.
Apesar de ter janelas, tem que ser iluminada.

Filma-se o programa de TV na própria TV do local, com opção de usar o original depois

*** seq. 3A – plano 1. Plano médio de repórter com porta de shopping ao fundo

2. Plano conjunto detrás dos velhinhos; Ernesto, enfermeira e assessor chegam pelo corredor, câmera mais para a esq, MAIS FRONTAL EM RELAÇÃO À TV – TV chroma key?

Na TV, **PROGRAMA DE TELEVISÃO (SEQÜÊNCIA 3A - INT - *SHOPPING CENTER*)** sobre um BEBÊ seqüestrado REPÓRTER descreve, na porta de um *shopping center,* como um BEBÊ havia desaparecido; foto do BEBÊ (loiro e de olhos azuis) e imagens da MÃE chorosa intercalam a reportagem *Dois dias depois, ainda não foi encontrada nenhuma pista do bebê seqüestrado num* shopping center *de um bairro rico da cidade de São Paulo. A mãe, Sandra Fontes, apela a quem quer que esteja com o bebê para que peça qualquer coisa, mas não que não o machuque.*

No fundo da sala, saindo de um corredor, ERNESTO conversa com uma ENFERMEIRA, 45 anos, vestida com jaleco branco encardido. Eles caminham em direção à sala de televisão acertando os últimos detalhes de algum acordo que acabam de fazer. Logo atrás de ERNESTO vemos o ASSESSOR 1, cerca de 30 anos, com terno mal cortado. Param à frente do grupo de velhinhos. A maioria continua assistindo à TV.

ENFERMEIRA (aos velhinhos):
Tenho ótimas notícias. Agora cada um vai poder ter sua própria televisão no quarto, graças à doação do Deputado Ernesto Alves.

Não tem detalhe do cheque aqui
3. mesma posição de câmera, um pouco mais fechado – TV com cromaqui – fechar ainda durante o texto da enfermeira?

4. inserts de reação dos velhinhos: plano médio de frente para os velhinhos, com mais de um velhinho em quadro

ENFERMEIRA mostra o cheque da doação de ERNESTO, cheque preenchido no valor de R$ 10.000,00.

ERNESTO se coloca, sem nenhum pudor, à frente da TV e começa a discursar. Enquanto ERNESTO fala, os velhinhos vão perdendo o interesse, se mexendo nas cadeiras e sofás para ver se conseguem enxergar a televisão.

> ERNESTO
> É um prazer enorme para mim ter a oportunidade de realizar este pequeno gesto. É claro que isto está longe de resolver todos os anseios acumulados durante suas longas vidas, mas pelo menos é uma forma de abrir novos horizontes durante o tempo que ainda lhes resta. Hoje todos vocês têm a mesma fonte de informações. Imaginem amanhã, quando puderem escolher seus próprios programas preferidos, a quantidade de assunto que não surgirá! Pois é da diferença que nasce a comunicação. E estes saltos de qualidade não devem vir por acaso, a vida não deve ser uma loteria. A vida deve ser uma aposta permanente na possibilidade real de vencer.

Fusão para o preto.

Obs.: precisa de figurantes para fazer os pés passando pela frente da surda-muda

1. plano médio/aberto frontal da surda-muda encostada numa parede, sentada na calçada; câmera na altura da surda-muda; figurantes passam pela frente sem que se vejam as caras

2. Plano próximo da surda-muda

3. Subjetiva (pula 180°) da surda-muda olhando o bilhete e o virando de ponta-cabeça.
– amassar e jogar o bilhete fora aqui

Fazer cobertura dela jogando bilhete fora com plano 2 também

4. Plano fechado (a 90° do plano anterior) da mão de Artur pegando o bilhete jogado no chão; câmera sobe junto com o bilhete sendo recolhido; Artur dá uma olhada no bilhete e podemos ver sua cara; Artur chama um táxi

5. Plano frontal fechado na cara indignada da surda-muda; vai se levantando para ir atrás de Artur

6. Plano conjunto: táxi já ali, surda-muda fazendo menção de correr atrás, Artur entrando no táxi

SEQÜÊNCIA 4 EXT – DIA – CALÇADA DE RUA MOVIMENTADA

Uma mulher negra e mendiga (com plaquinha onde se lê SURDA-MUDA) está sentada na calçada de rua movimentada observando um bilhete de loteria meio amassado. Ela olha intrigada para o pedaço de papel.

No bilhete vêem-se os seguintes números 31, 32, 33, 34, 35, 36. Trata-se do mesmo bilhete da seqüência 1. Ela vira o bilhete de ponta-cabeça como que na tentativa de entender o que significam aqueles símbolos.

Deprime-se. Joga o bilhete mais à frente na calçada e abaixa a cabeça, meio irritada.

ARTUR, que caminhava pela calçada, o está recolhendo.

Ela fica indignada. Resolve levantar e ir atrás dele. Ela sai andando com decisão na direção de ARTUR, mas é tarde demais ele já está entrando no táxi (do taxista HERMÓGENES).

SEQÜÊNCIA 5 INT – DIA – ESCRITÓRIO DE ERNESTO

ERNESTO está sentado atrás de uma mesa em escritório bastante rico e de bom gosto.

Obs.: NÃO É APAGÃO!!!

1. Plano meio fechado em Ernesto

2. Subjetiva de Ernesto dos assessores e Carlos (eles já estão chegando próximo à frente da mesa)

3. Plano conjunto atrás dos assessores (com correção para movimento de Ernesto quando abre o armário) – CÂM MAIS BAIXA

[não há corte aqui]

Ele está com outro terno. ERNESTO está ansioso, esperando que alguém entre para uma reunião.

Entram na sala CARLOS, cerca de 26 anos, bem vestido, com um rolex no pulso (mas não de terno), o ASSESSOR 1, com outro terno mal cortado, e a ASSESSORA 2, 25 anos. Imediatamente ERNESTO lhes dirige a palavra, ainda detrás de sua mesa.

ERNESTO
Eu tenho um problema!

Os outros ficam de pé olhando para ele.

Após alguns segundos, ERNESTO levanta-se, vai até um armário próximo de sua mesa e abre a porta. Dentro do armário vemos uma enorme quantidade de dinheiro disposto em pilhas.

ERNESTO
Eu não me lembro da onde que isso veio...

CARLOS e os ASSESSORES 1 e 2 olham para o dinheiro.

ERNESTO (para Carlos)
Você vai ter que fazer alguma coisa a respeito dessa situação. Eu não posso ficar com isso aqui sem saber da onde veio!

4. Plano próximo de Ernesto com dinheiro ao lado (também em quadro) – pequena pausa antes

5. Plano conjunto de assessores ladeando Carlos – aqui assessores já começam a sair – fazer a próxima fala com esse plano também

6. Plano conjunto; Ernesto de frente para a câmera; assessores saem andando em direção à câmera – assessores já saindo

Obs.: super-grip + polarizar lente + kit kinoflood *para carro*

1. Plano frontal do capô do táxi

Obs.: os mesmos figurantes podem ser usados para cenas como a do enforcamento

CARLOS

E o que você quer que eu faça?! O problema é seu, não é meu.

ERNESTO

Quem você pensa que é para falar dessa maneira comigo?!

CARLOS

Seu filho.

Pausa.

ERNESTO (aos assessores)
Vocês podem nos dar licença um instante?

Os ASSESSORES 1 e 2 encaminham-se à porta.

SEQÜÊNCIA 6 INT TÁXI – DIA – TÁXI DE HERMÓGENES

Continuação da seqüência 4.

HERMÓGENES, cerca de 50 anos, atabalhoado, dirige seu táxi por uma rua em São Paulo. No banco de trás está ARTUR, visivelmente contente, segurando o bilhete de loteria em suas mãos.

ARTUR

Sabe o que é isso aqui?

1. *(essa é uma opção; usar uma das 2) câmera baixa de frente para as pessoas; pessoas passam pela câmera*
2. *fazer outros detalhes*
3. *fazer plano geral da manifestação subindo a rua e vazando pelo largo do café*

Obs.: a partir daqui, pensar luz dos lugares com apagão + fazer referências de janelas + insulfilm se necessário, etc.

Estudar bem essa locação – local da janela + batimento da TV

1. plano conjunto frontal para os velhinhos com TV em quadro como referência

2. plano conjunto oposto atrás de velhinhos assistindo TV – matéria de índio na TV – cromaqui ou não?

HERMÓGENES olha para trás pelo espelho retrovisor.

HERMÓGENES
É um bilhete de loteria?

ARTUR
É o bilhete premiado.

SEQÜÊNCIA 7 EXT – DIA – CENTRO DA CIDADE DE SÃO PAULO

Cena de enorme manifestação pela paz, protagonizada por pessoas de classe média vestidas de branco.

Várias delas seguram faixas brancas com slogans pela paz.

SEQÜÊNCIA 8 INT – DIA – ASILO DE VELHINHOS

VELHINHOS na sala coletiva de televisão, babando de forma muito semelhante à anterior (seqüência 3).

Na televisão, vemos imagem da matéria feita por ARTUR com a tribo indígena. O CHEFE DA TRIBO fala para a câmera, respondendo a alguma pergunta que lhe foi feita.

Apagam-se as luzes

3. Plano geral dos velhinhos no escuro – meio errado: eles olham em volta, não para o lado, velhinhos no meio do quadro

4. detalhes no mesmo eixo da indignação dos velhinhos – olham em volta

5. plano conjunto da roda de basquete (contraluz da janela ao fundo?)

Obs.: apartamento não tão pequeno + CORRENTINHA NA PORTA + steady ou trilho?→ ACHO QUE STEADY É MELHOR Ligeirinho panther ou dolly (para fazer curva)

CHEFE DA TRIBO

Não é nenhum tipo de chantagem. É um investimento. Assim que derem o dinheiro, pouco importa quem, o governo, essas ongs, quem for, a gente volta a fazer a dança da chuva e acaba com o perigo do apagão.

Nesse exato momento apagam-se as luzes e a TV.

Os VELHINHOS vão aos poucos saindo do transe televisivo. Eles começam a se levantar dos sofás e cadeiras, meio indignados com a abrupta interrupção da transmissão.

Eles vão se reunindo em roda, como na abertura de um jogo de basquete. Aos poucos a energia vai tomando conta deles. A certo ponto, eles juntam as mãos ao centro da roda e gritam, como em grito de guerra *placebo*!

SEQÜÊNCIA 9 INT – DIA – APARTAMENTO DE ARTUR E RENATA

ARTUR, RENATA, sua mulher (cerca de 40 anos), e DANIEL, filho do casal (o mesmo da seqüência 1), em apartamento não muito espaçoso, mas simpático, em prédio antigo de poucos andares.

1. Plano lateral Artur e Renata; Renata prende o cabelo, de costas para Artur que está sentado num puff ou poltrona, Artur de frente para a câmera

Renata vira-se de frente para Artur

RENATA
Não adianta, Artur! Cê tem que achar
um emprego de verdade! Não dá pra ficar vivendo de bico com mais de 40 anos
de idade!

ARTUR
Renata, cê sabe que eu tô tentando!

RENATA
Tentando? Cê ficou 1 mês no Xingu pra
fazer uma reportagem que vai te dar
quanto? Dois mil reais? Quanto cê gastou lá? Aposto que gastou mais do que
vai receber!

ARTUR
Renata, eu não vou deixar de fazer as coisas direito só porque tive que virar *free-
lancer*! Desculpa, isso eu não vou fazer!

RENATA
Por que, Artur? Cê não é capaz de fazer conta? Ou cê tá trabalhando só por
hobby? Porque quando chega o final do
mês quem paga a escola dele (apontando para Daniel) sou eu, né!

DANIEL fica completamente irritado e vai saindo sem dizer nada.

RENATA (a Daniel)
Onde é que você pensa que vai?

2. *Daniel de pé, próximo à câmera, plano fixo, Renata fala a distância; Daniel pode dar um passo ou 2*

Daniel volta e se joga no sofá novamente

3. *Volta plano 1; fazer cobertura do começo deste texto ainda no plano anterior*

DANIEL
Eu vou pegar um táxi.

RENATA (a Daniel)
Não vai não. Eu já disse que eu tenho que pegar um táxi na mesma direção que você. Não tem cabimento a gente gastar dinheiro pra dois táxis!

DANIEL
O Zézão já tá me esperando há 15 minutos!

RENATA (brava)
O Zézão espera mais 10.

DANIEL bufa de irritação e se senta no sofá.

RENATA (a Artur)
Cê acha que eu gosto de fazer as coisas que eu faço, Artur? Eu faço porque a gente precisa de dinheiro! Nunca reclamei de tá pagando as contas desde que você foi despedido! Mas cê podia colaborar um pouquinho, né? Pelo menos mostrar um pouquinho de esforço!

ARTUR
Renata, eu tô trabalhando feito um camelo!

4. Mesmo eixo, mais fechado; Artur levanta-se aqui (sentado até então); câmera já no carrinho para travelling; câmera solta para pan

RENATA
Artur, o que é que adianta se ninguém compra as suas matérias malucas? Loucura tem limite, Artur. E sabe qual é? As contas pra pagar no fim do mês...

ARTUR
Essa matéria já tá vendida, Renata! Até já passou na televisão!

RENATA
Já pagaram?

ARTUR não responde.

RENATA
Hum... Sabe o que eu tive que fazer pra conseguir pagar as contas esse mês? Sabe? Cê nem pergunta mais o que eu tenho feito.

ARTUR
O que, Renata? O que é que cê fez?

RENATA
Tive que ir pedir ajuda pro deputado Ernesto.

ARTUR (indignado)
Como assim?! Cê tá louca?!

Renata começa a arrumar as coisas aqui: pega a carteira, põe coisas na bolsa, etc. Corrige com pan para acompanhar o movimento de Renata

Travelling *saindo do plano anterior e acompanhando Renata e Daniel (que foi pego pelo braço por Renata); Artur vai seguindo mais atrás;* travelling *mantém a distância de Renata e Daniel*

RENATA
Que é que é? Vai me dar sermão, agora? Tive que ir lá sim! Cê acha que eu gosto?!

ARTUR
Peraí, Renata! Eu fui despedido por causa desse imbecil!

RENATA
Artur, eu disse desde o começo pra você não fazer uma matéria sobre o deputado. É claro que você ia ser despedido! Cê queria o quê?! Que ele simplesmente aceitasse a sua denúncia sem fazer nada?! Se o cara rouba tanto quanto você diz, é óbvio que tem muita gente poderosa envolvida.

53

ARTUR
Não exagera, vai, Renata!

RENATA (saindo)
Não exagera você! Eu tô fazendo o que eu posso, Artur! Eu tô fazendo o que eu posso!

ARTUR (sentindo-se altamente traído)
Eu não posso acreditar que cê fez isso...

RENATA
Fiz, Artur. E não só pela gente. Fiz porque a Sandra tá numa puta dificuldade com a história do seqüestro. Ao contrário de você, quando uma coisa tem que

Renata e Daniel ultrapassam a câmera; câmera continua (sem corte) fixa em Artur a certa distância, olhando para Renata atrás da câmera, que a essa altura chega à porta

1. Corte 180º atrás de Artur, vemos vestígio de Renata saindo pela porta e Daniel parando para olhar para o pai; Daniel fecha a porta; Artur se vira para a direita para caminhar em direção à janela

2. Travelling *fazendo o caminho de volta, seguindo Artur; no caminho ele pega e olha para o bilhete e olha irritado (sem parar de caminhar); câmera pára quando Artur chega à janela; após pequena pausa, Artur joga o bilhete pela janela [sem amassar, para o bilhete planar]*

1. Frontal médio de Daniel, de frente para a entrada do prédio; bilhete entra em quadro, bate na cabeça de Daniel e cai fora de quadro; Daniel abaixa e levanta com o bilhete na mão; Daniel olha para cima e depois fica olhando para o bilhete intrigado, com o mesmo quadro

ser feita, eu vou lá e faço. Além do mais, se eu fosse parar de manter contato com todo mundo que você não gosta, eu não falaria mais com ninguém.

Ao dizer a última frase RENATA já está na porta da casa. DANIEL a segue.
Sem parar de andar, DANIEL olha para ARTUR antes de sair.

Depois que DANIEL sai, ARTUR tira do bolso o bilhete da loteria (o mesmo que achou na seqüência 4). Dá uma olhada, bastante irritado, para ele. Reflete um pouco, meio hesitante sobre o que fazer. Resolve atirar o bilhete pela janela.

SEQÜÊNCIA 10 EXT – DIA – FRENTE DO PRÉDIO DE ARTUR

Câmera acompanha a lenta queda do bilhete até vermos:

RENATA e DANIEL saem pela porta de entrada do prédio. Próximo à porta do prédio está também um CATADOR DE PAPEL bastante sujo, puxando uma carroça de madeira e pegando uns jornais velhos deixados a uma certa distância de RENATA e DANIEL.

O bilhete de loteria cai na cabeça de DANIEL. Ele olha para cima para ver de onde o bilhete veio. Pega o bilhete de loteria no chão.

Em off

mesmo plano anterior,
câmera corrige um pouco
para a esq. Renata está
voltando na direção de Daniel
e entra em quadro.
(opção: Daniel levanta em
quadro maior do que este;
Renata entra em quadro
dando o texto, ou seja,
não tem correção com pan;
quadro bem maior no final)

Pan acompanhando Renata
e Daniel, e colocando, a um
certo momento, o catador em
quadro – FAZER O QUADRO
PELO FINAL DA PAN (talvez
um pouco mais aberto o final)

Fica olhando para o bilhete, achando uma estranha coincidência (já que é o mesmo bilhete da seqüência 1). RENATA já está caminhado mais à frente.

RENATA (virando-se para Daniel)
Que foi, Daniel?! Cê não tava atrasado?!

DANIEL continua olhando para o bilhete.

RENATA
Ai, meu Deus... (caminhado de volta na direção de Daniel) O que é que cê tá olhando, Daniel? É bilhetinho do seu pai? Que coisa mais ridícula...

Ela pega o bilhete de loteria da mão de DANIEL. Olha para o bilhete e balança a cabeça negativamente. Sai caminhando, puxando DANIEL delicadamente. Caminham na direção de onde se aproxima o CATADOR.

RENATA
Loteria é o imposto sobre a burrice, meu filho...

CATADOR (a Renata)
Tem jornal velho?

RENATA (dando o bilhete de loteria ao catador, sem olhar para ele e sem parar de andar)

Tó.

O CATADOR pega o bilhete.

Obs.: escritório claro, mas tem apagão

1. subjetiva falsa de Ernesto vendo Carlos

2. Plano conjunto de Ernesto e Carlos, por detrás de Carlos; colocar Carlos à esquerda de quadro

SEQÜÊNCIA 11 INT – DIA – ESCRITÓRIO DE ERNESTO

Vemos a continuação da seqüência 5. ERNESTO e CARLOS já estão no meio da discussão. ERNESTO está sentado à mesa de seu escritório. CARLOS está de pé. O armário com dinheiro continua aberto.

> CARLOS
> É sempre a mesma história... Toda vez você aparece com um monte de dinheiro e diz que não lembra da onde veio. Se dissesse isso pros outros, tudo bem! Mas pra mim?!

> ERNESTO
> O dinheiro não tem memória de mim, eu não tenho memória do dinheiro. É assim que funciona nossa relação.

> CARLOS
> Qual relação?

> ERNESTO
> Minha com o dinheiro.

CARLOS não consegue se conformar com a cara-de-pau de seu pai.

*Carlos caminha em direção
à câmera, que continua
fixa, lembrando que Carlos
caminha pela esq de quadro*

*Carlos dá o texto de costas
para a câmera, talvez meio de
lado, mais à esquerda
de quadro*

Ernesto ainda sentado

*Carlos pára e vira para Ernesto
de novo; câmera pára*

*Ernesto se levanta e se
aproxima da câmera (até
plano meio do peito) e
portanto de Carlos*

Enquanto caminha

Caminha um pouco pela sala, balançando a cabeça negativamente.

CARLOS (se aproximando de Ernesto)
Vem cá, você realmente acha que alguém acredita que você já ganhou mais de mil vezes na loteria?!

ERNESTO
Você sabe muito bem que aquela denúncia já foi desmentida!

CARLOS
Como assim?! Você esqueceu que sou eu que compro os bilhetes premiados pra lavar o seu dinheiro?!

ERNESTO
E isso não é a mesma coisa que ganhar?

CARLOS
Claro que não!

ERNESTO dá uma boa risada enquanto se levanta e caminha na direção de CARLOS.

ERNESTO
Cada um se engana do jeito que quer, meu filho...
(suspirando e pegando Carlos pelo ombro) Agora, Carlos, a gente vai parar de discutir e sabe o que você vai fazer?

Chegou perto de Carlos

Carlos caminha, Ernesto fica próximo à câmera

Carlos já juntou dinheiro na camisa e caminha em direção à janela

Câmera continua em Ernesto

a certo ponto Carlos ultrapassa a câmera, saindo de quadro (pela direita do quadro); câmera fica em Ernesto

Logo após o texto de Ernesto, pan para a direita para enquadrar Carlos à frente da janela; Carlos desiste, deixando o dinheiro cair no chão ainda de costas

3. Corta para a mesma posição de câmera do plano 2, Ernesto sai da sala

(berrando e puxando Carlos pela orelha)
VOCÊ VAI RESOLVER O PROBLEMA -
AGORA!

CARLOS, muito ofendido, solta-se da mão do
pai e se dirige até o armário. Pega uma parte
do dinheiro e o junta, fazendo uma espécie de
bolsa com a própria camisa.

ERNESTO
(como que adivinhando a cena ridícula
que o filho pretende realizar) E vai fazer
o quê, agora?

CARLOS
Vou jogar. Cê não quer que eu resolva?

63

ERNESTO dá uma risadinha.

ERNESTO (provocativo)
Você não tem coragem.

CARLOS carrega o dinheiro até a janela sob o
olhar do pai. Pára na frente da janela.

ERNESTO
Vai, joga...

CARLOS não consegue. Joga o dinheiro no chão
com muito ódio. ERNESTO vira as costas e sai da
sala. CARLOS observa ERNESTO sair e se senta
muito irritado à mesa onde antes estava seu pai.

*Obs.: bazar claro, com velas só
em um ou outro canto
mais escuro*

*1. câmera no banco do co-
piloto (sem banco); plano
médio de Renata e Daniel
(este à esq. de quadro)*

*2. O mesmo enquadramento
em Júlia, com arara ou
algo atrás*

*Continuam os mesmos
enquadramentos;* offs
*indicados, mas fazer tudo
dos 2 lados*

3. Renata

Júlia em off

**SEQÜÊNCIA 12 / 12A INT TÁXI / INT BAZAR –
DIA – TÁXI DO TAXISTA 1 / BAZAR DE JÚLIA**
(obs.: a cena é uma conversa telefônica e salta
de uma locação a outra)

RENATA está dentro do táxi do TAXISTA 1, sentada no banco detrás junto com DANIEL, que
está completamente emburrado. Toca celular
de RENATA. É sua amiga JÚLIA.

> RENATA
> Alô.

JÚLIA (vista em seu bazar, o da seq. 33 adiante)
> Oi Rê, é a Júlia. Tudo bem?

> RENATA
> Tudo bem, e você?

> JÚLIA (no bazar):
> Tudo. Cê tá indo no negócio da Sandra?

> RENATA (com voz meio fúnebre)
> Tô...

> JÚLIA (no bazar)
> É um horror, né? Não dá mais para viver
> nessa cidade...

> RENATA
> É horrível...

4. Júlia

Renata em off

5. Mais fechado, só Renata em quadro

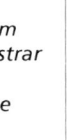 

6. Fecha o mesmo tanto em Júlia, será que precisa mostrar a mão batendo na arara atrás?; Júlia pode se virar e bater na arara atrás

5. Plano conjunto, com câmera na calçada (não precisa ser táxi inteiro); Obs.: colocar calço para parada do táxi

6. Plano frontal do capô (ou do banco?), com Daniel saindo

JÚLIA (no bazar)
O pior é que eu não vou poder ir. Eu tô presa aqui na loja porque a gerente ainda não chegou. Deve ser a greve de ônibus.

RENATA
Que saco...

JÚLIA (no bazar)
Nem me fala... Greve de ônibus, apagão, falta de dinheiro, até dá pra encarar. Mas essa coisa da Sandra?!

RENATA (batendo a mão 3 vezes na lateral do carro, para *isolar* a má sorte)
É um horror...

JÚLIA (no bazar, também bate a mão 3 vezes na mesa, para *isolar*)
Deus me livre...

Breve pausa. O táxi vai encostando numa rua residencial.

DANIEL vai descendo do táxi.

RENATA
Júlia, péra só um pouquinho. (Tirando o telefone do ouvido e falando a Daniel) Não vai me dá um beijo?

7. Já batendo a porta (fazer bater a porta de dentro do táxi também)

8. Igual Plano 6, já sem Daniel; barulho da porta fechando

9. Fechado em Júlia, igual a plano 6

Júlia em off

DANIEL

Não.

DANIEL fecha a porta do táxi e sai sem olhar
para trás.
O táxi parte novamente.

RENATA (bufa)
Pronto, agora é pai e filho contra mim.
(ao taxista) Agora vamo pro centro de
convenções. (Novamente no celular a
Júlia) Desculpa, pode falar...

JÚLIA (no bazar)
Sabe o que vocês podiam fazer? Cês podiam dar uma passada aqui na loja depois, né? Acho que é bom pra Sandra
tirar um pouco a cabeça do seqüestro...

RENATA
Era uma boa. Eu também tô precisando
dá uma espairecida. Eu tô com tanta raiva do Artur que nem consigo pensar na
Sandra direito.

JÚLIA (no bazar)
O que é que ele fez agora?!

RENATA
Deixa para lá, depois eu passo aí e te
conto. Agora eu tenho que me concen-
trar na Sandra. Beijo...

1. Frontal de Margarete (do capô do carro); plano seqüência: Margarete dirige por algum tempo, dá seta, pára, Artur entra

SEQÜÊNCIA 13 EXT / INT TÁXI – DIA – RUA PRÓ-XIMA A CASA DE ARTUR / TÁXI DE MARGARETE

Um táxi novo chega em rua próxima à casa de ARTUR. ARTUR (com sua câmera de vídeo a ti-racolo – a câmera estará sempre com ele duran-te o resto do filme), já estava esperando na rua. Ele entra no táxi.

O táxi é dirigido por MARGARETE, uma mulher de cerca de 40 anos.

> ARTUR
> Cê me leva pra manifestação pela paz lá no centro, por favor.

> MARGARETE
> Você vai participar?

> ARTUR
> De jeito nenhum!

> MARGARETE
> Por quê? Cê tem alguma coisa contra manifestação pela paz?!

> ARTUR
> Nem contra, nem a favor... Eu tô indo trabalhar, eu sou jornalista... (breve pausa) De qualquer forma não é paz que essas pessoas querem.

2. Opção para o final: plano mais fechado em Artur, mesmo eixo

1. plano médio \ fechado, frontal – mesmo enquadramento de Ernesto sentado à mesa no começo da seq. 11

MARGARETE
Como não?

ARTUR
As pessoas se manifestam pela paz, pela guerra, pelo mico-leão-dourado, mas o que elas querem realmente não é nada disso... Elas querem é ter sorte.

SEQÜÊNCIA 14 INT – DIA – ESCRITÓRIO DE ERNESTO

Continuação da seqüência 11.

CARLOS continua sentado à mesa de seu pai, ERNESTO. Está visivelmente irritado com a discussão que acaba de ter com ERNESTO. Pega seu celular no bolso e faz uma ligação: 73

ATENDENTE – *OFF*
Radiotáxi, bom-dia.

CARLOS
Eu gostaria de pedir um táxi.

ATENDENTE – *OFF*
É pra agora?

CARLOS
É, pra agora.

2. plano fechado, mesmo eixo

*3. plano mais fechado,
mesmo eixo*

4. plano bem fechado

*Obs.: mudar o taxista e
manter o mesmo táxi*

ATENDENTE – *OFF*
Um momentinho só, por favor.

CARLOS aguarda um pouco com o celular na orelha. Ele resolve desligar o celular. Breve pausa. Disca novamente o número no celular.

ATENDENTE – *OFF*
Radiotáxi, bom-dia.

CARLOS
Eu gostaria de fazer uma denúncia.

ATENDENTE – *OFF*
Desculpa, senhor, não entendi.

CARLOS
Tem um sujeito jogando um monte de dinheiro do alto do prédio!

ATENDENTE – *OFF*
O que foi que o senhor disse?!

CARLOS
Tão jogando um monte de dinheiro!

SEQÜÊNCIA 15 INT TÁXIS – DIA – CONVERSA EM RÁDIOS DE TÁXIS 1

Acompanhamos uma conversa pelo rádio (que é o mesmo aparelho que o celular em todos os táxis), indo de um táxi para outro conforme a conversa se desenvolve:

1. *90° do motorista com câmera do lado do co-piloto*

2. *mesmo plano*

3. *mesmo plano*

4. *mesmo plano*

5. *mesmo plano*

6. *mesmo plano*

15 A INT TÁXI – DIA – TÁXI 1

TAXISTA 1 (o mesmo da seqüência 12)
Que história de dinheiro é essa?!

15 B INT TÁXI – DIA – TÁXI 2

TAXISTA 2
Alguém tá vendo algum dinheiro?!

15 C INT TÁXI – DIA – TÁXI 3

TAXISTA 3
Onde tão jogando?

15 D INT TÁXI – DIA – TÁXI 4

TAXISTA 4
Quem foi que descobriu?!

15 E INT TÁXI – DIA – TÁXI 5

TAXISTA 5
Como assim, dinheiro?

15 F INT TÁXI – DIA – TÁXI 6

TAXISTA 6
Puta mentira! Por que é que alguém faria isso?

7. mesmo plano

8. mesmo plano

9. mesmo plano

10. mesmo plano

Obs.: lugar claro, com janela
Computador = laptop

15 G INT TÁXI – DIA – TÁXI 7

TAXISTA 7
Quem é o imbecil que tá jogando dinheiro fora?!

15 H INT TÁXI – DIA – TÁXI 8

TAXISTA 8
Eu sei quem foi!

15 I INT TÁXI – DIA – TÁXI 9

TAXISTA 9
Sabe nada, mané!

15 J INT TÁXI – DIA – TÁXI 8 – o mesmo da 15 H

TAXISTA 8
Quer apostar?!

SEQÜÊNCIA 16 INT – DIA – QUARTO DE ZÉZÃO, AMIGO DE DANIEL

Vemos DANIEL no quarto de ZÉZÃO (15 anos), seu amigo. É um típico quarto de adolescente de classe média alta, bagunçado, com discos, livros, revistas. No início da conversa vemos só os dois garotos olhando para a frente (para uma tela de computador) bem entretidos.

1. plano médio 45° dos garotos olhando para tela de computador (sem mostrar a tela), quarto aparece ao fundo, possivelmente com a janela em quadro?

ZÉZÃO
Acho que não é falta de dinheiro.

DANIEL (meio irritado com a intromissão)
Não? Então é o quê?

ZÉZÃO
É o sistema de governo... Eu te disse que democracia é impossível.

DANIEL
Cê sugere o quê? (breve pausa) Comunismo?

ZÉZÃO
Não! Fundamentalismo.

DANIEL
Ah, não. Fundamentalismo não dá!

ZÉZÃO (achando engraçado)
Por que, meu? É só um jogo.

DANIEL
Mesmo assim... Qual a graça de ganhar sendo fundamentalista? Fica muito fácil...

ZÉZÃO
Tudo bem, só tava sugerindo.

Pausa enquanto os garotos continuam a olhar entretidos para a frente.

*2. câmera por detrás
dos garotos, tamanho do
quadro igual*

3. Detalhe da inscrição na tela

*Obs.: preparar grande
inscrição na tela para evitar
detalhe, ou seja, será visível
na tela com o enquadramento
que temos*

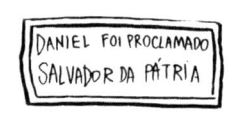

DANIEL
Como é que faz pra mudar?

ZÉZÃO
É só fazer uma revolução.

Vê-se que estão sentados em frente a um computador, jogando uma partida do *game* Civilization.

ZÉZÃO (mexendo no computador)
Vai aqui reino, iniciar revolução. Depois cê pode voltar pra democracia.

DANIEL
Agora vai ficar assim mesmo. Eu preciso acabar rápido.

ZÉZÃO
Cê tá com pressa?

DANIEL
Eu tenho uma coisa pra fazer daqui a pouco.

Ouvimos barulho característico do jogo e a seguinte inscrição na tela do computador *Daniel foi proclamado Salvador da Pátria*.

SEQÜÊNCIA 17 INT TÁXI / EXT – DIA – TÁXI DE MARGARETE

A esta altura o táxi de MARGARETE está em outra rua (a rua da seqüência 4), na faixa ao lado

*1. continuação do enqua-
dramento da seq. 13, com
câmera no capô, frontal, com
Margarete e Artur em quadro
[ATENÇÃO: mastershot de
toda a seqüência]*

*O começo da invasão no
mesmo quadro anterior, com
Artur se assustando e olhando
para o lado
2. Também desde o começo
da invasão, subjetiva de
Artur, fechada na surda-muda
(surda-muda enche a tela, vê-
se a plaquinha, a cara e a faca)*

texto de Artur em off *nesse
ponto*

*3. subjetiva com câmera na
mão da surda-muda olhando
para Margarete*

Subjetiva aponta para Artur

Subjetiva aponta para a carteira

da calçada, parado no meio do trânsito. ARTUR ainda está sentado no banco de trás, discursando. MARGARETE já está cheia.

ARTUR
Sabe como funcionava a democracia na Grécia antiga? Por sorteio... Sabia?

Do nada, entra a SURDA-MUDA abrindo a porta de trás do táxi com uma faca na mão. ARTUR e MARGARETE ficam imóveis. MARGARETE leva as mãos ao alto.

ARTUR
Ih, meu Deus! Eu não tenho um puto na carteira!

MARGARETE
Eu também não...

ARTUR (justificando-se)
Eu ia pagar com cheque...

ARTUR saca com cuidado sua carteira para mostrar que não está mentindo. MARGARETE resolve imitar o exemplo.

A SURDA-MUDA olha as carteiras vazias e começa a tentar falar com sons guturais. ARTUR e MARGARETE olham com atenção, tentando entender do que se trata.

4. Volta para enquadramento inicial (plano 1), com os 3 em quadro

5. Fechado em Artur, mesmo eixo (dar pausa antes do texto para encaixar o off aqui se necessário)

6. Fechado em Margarete

ARTUR
Eu não tenho dinheiro!

MARGARETE
Cê não tá vendo que ela é surda!

O rádio de MARGARETE (que está no console do carro) recebe uma chamada meio entrecortada

TAXISTA 1 – *OFF* (no rádio)
Atenção... perto... confusão enorme... quem estiver no centro perto da manifestação pela paz...

ARTUR
(a Margarete, sem deixar de olhar para a surda-muda, assumindo que esta não vai escutar)
O que é que disseram?

A SURDA-MUDA continua num impasse, sem entender muito bem o que acontece, mexendo desajeitadamente a mão que segura a faca (mas sem deixar de apontá-la).

ARTUR
O que é que disseram no rádio?!

MARGARETE (a Artur)
Pára com isso! Cê não tá vendo que ela vai acabar enfiando a faca na gente!

7. Igual ao plano 5, fechado em Artur

8. Igual ao plano 6, fechado em Margarete

9. Fechado na surda-muda

10. Abre para os 3, igual ao plano 1

[Surda-muda vira a cabeça para Margarete para ver a mímica] 11. subjetiva da surda-muda apontando para Margarete

subjetiva aponta para Artur

12. Igual ao plano 1, os 3 em quadro. Artur sai de quadro. Surda-muda pega o cheque neste plano; Artur bate a porta

A SURDA-MUDA agora tenta fazer sinais com as mãos para explicar o que quer, mexendo desajeitadamente a mão que segura a faca (mas sem deixar de apontá-la).

TAXISTA 1 – *OFF* (uma voz exasperada)
Atenção! Tão jogando dinheiro! Tão jogando um montão de dinheiro!

MARGARETE tenta mostrar para a SURDA-MUDA - através de mímica e falando lentamente para que se leia seus lábios - que está chovendo dinheiro mais adiante *chuuuuvaaa... diiinheiiiiirooo...* (apontando) *lá...* A SURDA-MUDA se esforça para entender.

Tomando cuidado para não provocar demais a SURDA-MUDA, ARTUR resolve romper o impasse com muito cuidado, saca e preenche um cheque. O entrega à SURDA-MUDA. A SURDA-MUDA o segura. Preenche outro e o joga no banco do co-piloto.

Desce devagar do táxi, olhando para ver a reação da SURDA-MUDA. Acaba se afastando definitivamente.

A SURDA-MUDA fica olhando mais alguns segundos para o cheque. Amassa-o e o joga no chão do táxi, irritada. Também desce do táxi.

13. insert: *plano fechado da surda-muda olhando o cheque*

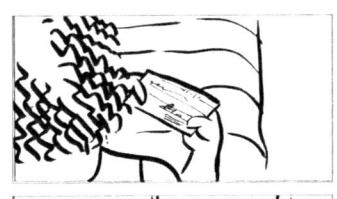

14. *Câmera mais para a direita no capô para ver a surda muda-saindo (simétrico ao ângulo de Artur saindo); fica um tempo nesse plano; Margarete começa a chorar*

15. *Plano bem próximo de Margarete chorando (quando abre de novo a câmera para Margarete pegando os cheques, já é o plano 1 da próxima seqüência); fazer Ernesto abrindo a porta aqui também*

1. MASTERSHOT: *câmera com certo ângulo no canto esquerdo do capô (i.e. lado do co-piloto); os 4 em quadro; começar com eles entrando no táxi*

Obs.: Ernesto à direita, assessor no meio, assessora à esquerda

MARGARETE, ainda confusa pela experiência, continua parada no local por vários segundos. Tem uma breve explosão de choro histérico. Mesmo assim, resolve pegar e guardar os dois cheques deixados por ARTUR.

SEQÜÊNCIA 18 EXT / INT TÁXI – DIA – RUA PRÓXIMA AO CENTRO / TÁXI DE MARGARETE

ERNESTO e seus dois ASSESSORES aproximam-se do táxi de MARGARETE e entram. MARGARETE enxuga as lágrimas e começa a dirigir o carro.

> MARGARETE
> Pra onde a gente vai?

93

> ASSESSOR 1
> Segue em frente.

Silêncio de alguns segundos.

> MARGARETE
> Parece que tá a maior confusão...

> ASSESSORA 2
> Por causa do apagão?

> MARGARETE
> Não, parece que tão jogando dinheiro fora.

2. insert: *plano próximo*
assessor e Ernesto

ERNESTO (seco)
Como assim, jogando dinheiro fora?

MARGARETE
Jogando dinheiro, sei lá, tipo jogando dinheiro pela janela...

ERNESTO
Onde?

MARGARETE
Não sei.

ERNESTO
E como é que você sabe disso se cê não sabe onde?

MARGARETE (apontando)
Tão falando no rádio.

ERNESTO olha preocupado para o ASSESSOR 1.

ASSESSOR 1
Quer que eu cheque?

ERNESTO
O que é que você acha?!

O ASSESSOR 1 fica olhando para ERNESTO por um instante.

3. plano geral novamente

4. insert: *plano próximo*

5. insert: *fechado Margarete*

ASSESSOR 1 (sacando do bolso seu celular,
que é também rádio de comunicação)
QSL na escuta?

MARGARETE
Se o senhor quiser, a gente pode tentar
ir até lá.

ERNESTO
Pra quê?

MARGARETE
Ué, pra pegar o dinheiro.

ERNESTO
E a senhora acha que dinheiro resolve
alguma coisa?

ASSESSOR 1
QSL na escuta?!

MARGARETE
Bom... alguma coisa resolve...

ERNESTO
Ah, é? E o que a senhora faria com um
monte de dinheiro?

MARGARETE
Bom, eu começaria doando um pouco...

6. *fecha em Ernesto*

7. *fechado na assessora –*
câmera à dir do capô

ERNESTO
Se vai doar, pra que precisa ganhar?!

ASSESSOR 1 (ficando nervoso)
QSL na escuta?!

ASSESSORA 2 (ao assessor 1)
Deixa eu tentar! (pegando o celular)

ERNESTO (ao assessor 1, também ficando mais preocupado)
Ele não teria jogado fora, teria?

ASSESSOR 1 faz sinal de quem não sabe.

MARGARETE (curiosa)
O senhor sabe quem jogou o dinheiro?

ERNESTO (bravo)
Por que a senhora tá me perguntando isso? A função da senhora aqui não é dirigir? Vamo fazer o seguinte, eu lhe dou R$ 50 a mais e a senhora fica quieta enquanto eu estiver aqui. Tá bom?!

MARGARETE fecha a cara e continua dirigindo.

ASSESSORA 2
Alguém na escuta, pelo amor de Deus?! Eu preciso de uma resposta nos próximos cinco minutos!!!

1. Fechado no velhinho, quase frontal (fundo desfocado: os outros velhinhos e motos já estão no fundo)

2. contraplano

3. plano geral no mesmo eixo do plano 1, com motos e outros velhinhos ao fundo

4. ISSO É OUTRA LOCAÇÃO: motos em trânsito vistas de trás; após algum tempo, câmera vai se aproximando da jaqueta até que ela fica completamente em primeiro plano (sem perder o foco nos outros motoboys mais à frente)

SEQÜÊNCIA 19 EXT – DIA – FRENTE DE ASILO DE VELHINHOS

Grupo de VELHINHOS do asilo, agora vestidos com roupas de motoboy (com casaco onde se lê *O tempo é a mais-valia de Deus*). O VELHINHO CHEFE segura um celular na mão, como se houvesse acabado de falar nele.

> VELHINHO CHEFE
> Temos cinco minutos.

> VELHINHO 2
> Pra quê?

> VELHINHO CHEFE
> Sei lá...

O VELHINHO CHEFE coloca seu capacete e sobe em sua moto (CG 125). Os outros VELHINHOS também pegam suas motos e o seguem pelo trânsito.

Vemos algumas cenas das perigosas manobras do enxame de VELHINHOS no trânsito caótico de São Paulo.

> ARTUR – *OFF*
> Em todas as esquinas, nos bondes, nas lojas, dos restaurantes luxuosos às mais humildes cozinhas, Ponzi está criando mais esperança e mais ansiedade nos Es-

tados Unidos do que qualquer político ou herói de guerra, escreveu um jornal de Nova Iorque, em julho de 1920.

SEQÜÊNCIA 20 IMAGENS DE ARQUIVO – INSTITUCIONAL DE PONZI

Programa em estilo de reportagem já andamento.

Aparecem imagens fotográficas em branco e preto mostrando o crescimento do negócio empreendido por Charles Ponzi em Boston (EUA), em 1920.

ARTUR – *OFF*
Um mês depois desse artigo, Charles Ponzi foi parar na cadeia. A grande pergunta raramente feita é por que Ponzi não fugiu com o dinheiro enquanto podia? Pelo contrário, ele foi honrando seus débitos, mantendo a expectativa de que a operação era legítima até o último momento possível. A um certo ponto, quando centenas de pessoas revoltavam-se na porta de sua empresa desconfiadas do esgotamento precoce do dinheiro investido, Ponzi ofereceu pessoalmente café e rosquinhas aos presentes, reconquistando assim a confiança de todos, inclusive da imprensa.

1. Câmera acompanha Artur
caminhando, de frente para
Artur (trilho com curva?); case
a tiracolo em vez de maleta

MASTERSHOT: *Artur vai se
aproximando de catador
enquanto câmera faz curva
revelando catador e bebê,
com Artur ainda em quadro;
câmera fica parada
nesse quadro*

SEQÜÊNCIA 21 EXT – DIA – RUA NO CENTRO DA CIDADE

ARTUR anda rapidamente em rua vazia do centro de São Paulo (com sua maleta na mão). ARTUR procura chegar ao local onde estão jogando dinheiro. Vê a certa distância o CATADOR puxando sua carroça.

> ARTUR
> Ei... vem cá... Cê sabe onde é que tão jogando dinheiro?

O CATADOR pára de puxar a carroça. ARTUR vai se aproximando lentamente. O CATADOR não responde. Vemos (nós e ARTUR) que dentro da carroça há uma vasta quantidade de dinheiro dentro de um enorme saco plástico. Sentado sobre o dinheiro, um BEBÊ (o mesmo da seqüência 3A, da matéria de TV, só que bem sujo) enfiando uma nota de R$ 100 na boca.

> ARTUR
> Eu sou repórter. Eu só quero fazer umas perguntas.

> CATADOR
> É de que TV?

> ARTUR
> Eu sou freelance.

2. Insert: *fechado no bebê comendo a nota*

3. Volta final de plano 1

4. Fechado em Artur (mesmo eixo)

5. Fechado no catador (contraplano)

6. Fechado Artur

CATADOR
Não conheço não.

O BEBÊ continua comendo a nota de R$ 100, agora mais babada.

CATADOR
Quanto cê paga?

ARTUR
Pra quê?

CATADOR
Pra eu falar.

ARTUR
Eu te dou a oportunidade de aparecer na televisão.

CATADOR
Mas eu não tenho televisão.

ARTUR
Mas cê já tá cheio de dinheiro!

CATADOR
Tô?

ARTUR
Olha, eu só vou fazer umas perguntas, tá bom?

*7. Fechado catador alguns
segundos*

*8. Fechado Artur, já
levantando a câmera*

9. Fechado catador

Artur off *a partir daqui
(mas gravar os 2 lados
fechados até o final)*

10. volta mastershot *quando
o catador não responde, Artur
ainda segura a câmera*

O CATADOR não responde. Olha fixamente para ARTUR. ARTUR saca a câmera de sua maleta e a aponta para o CATADOR.

ARTUR
Você sabe quem jogou o dinheiro?

CATADOR (meio indignado)
Que dinheiro, rapá?!

ARTUR
O dinheiro que jogaram!

O CATADOR não responde.

ARTUR
Como é que cê conseguiu isso aí? (apontando para o dinheiro na carroça)

CATADOR
É meu trabalho.

ARTUR
Como assim?!

CATADOR (com segurança)
Eu sou catador. Eu catei.

ARTUR (curioso, mas um pouco irritado)
E o que é que você vai fazer com esse dinheiro?

11. Fechado no bebê

1. Frontal do capô, um pouco
mais fechado que anteriores?
(Obs.: Carlos no banco de
trás, sentado do lado
esquerdo do quadro)

O CATADOR levanta os ombros.

O BEBÊ continua comendo dinheiro na carroça.

SEQÜÊNCIA 22 INT TÁXI – DIA – TÁXI DE HERMÓGENES

CARLOS está no táxi de HERMÓGENES.

> HERMÓGENES (puxando conversa)
> O senhor ouviu falar que tem um louco jogando dinheiro fora?

> CARLOS (achando divertido)
> É mesmo? Quem foi que te disse?

> HERMÓGENES
> Tem um monte de taxista falando aí.

> CARLOS
> Que coisa, não?

> HERMÓGENES
> Pois é… Um dia esquisito hoje. Logo cedo um passageiro me disse que tinha um bilhete premiado de loteria.

> CARLOS (achando uma estranha coincidência)
> É mesmo?!

1. *câmera no capô, assessora 2 ligeiramente à esq., plano fechado*

HERMÓGENES
É. Eu achei que fosse lero-lero, que nem aquela história daquele deputado, como é que é o nome dele mesmo?

CARLOS
Deputado Ernesto?

HERMÓGENES
É, esse mesmo. Como é que pode ter o bilhete premiado se o sorteio ainda nem saiu? Mas depois dessa história dum cara jogando dinheiro fora, eu já tô começando a acreditar…

SEQÜÊNCIA 23 INT TÁXI – DIA – TÁXI DE MARGARETE

ERNESTO já está bem preocupado. Ele e o AS-SESSOR 1 olham para a ASSESSORA 2, que fala no celular:

ASSESSORA 2
QSL, por favor, quem é que tá na escuta? (breve pausa) QSL, alguém na escuta?

TAXISTA 1 – *OFF* (no rádio)
Tá todo mundo na escuta, mina…

ASSESSORA 2
Não adianta, doutor. Ele não responde.

2. mesmo quadro, fechado no assessor

3. De fora do táxi, de frente para o carro, com táxi estacionando, Ernesto abre a porta, dá o texto e fecha a porta do táxi

Obs.: agência meio escura

1. detalhe da placa, que está no balcão e não pendurada

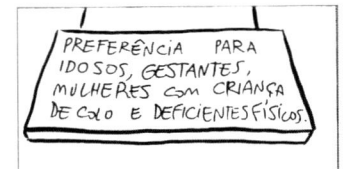

2. MASTERSHOT: carrinho acompanha velhinho por detrás dele mantendo distância (frase da jaqueta próxima à câmera); trilho na diagonal por causa do espaço?

Final do travelling – dá o *texto e entrega o cheque aqui*

3. insert com detalhe do cheque – tentar não usar

ASSESSOR 1 (a Margarete)
É aqui. Pode estacionar em frente àquele prédio ali (apontando).

ERNESTO vai abrindo a porta de trás. Já do lado de fora ele diz aos ASSESSORES que fazem menção de sair do táxi para acompanhá-lo:

ERNESTO (ao Assessor 1)
Não, fica aqui tentando ver se o Carlos responde. (já se afastando) Eu volto rápido.

SEQÜÊNCIA 24 INT – DIA – AGÊNCIA BANCÁRIA

Placa de banco com a seguinte inscrição *preferência para idosos, gestantes, mulheres com criança de colo e deficientes físicos.*

VELHINHO CHEFE com jaqueta de motoboy furando a fila em agência bancária um tanto escura. As PESSOAS da fila olham sem reação. Ele chega até a boca do único caixa funcionando – com máquina calculadora manual (devido ao apagão).

VELHINHO CHEFE
Eu preciso descontar esse cheque.

O VELHINHO CHEFE mostra o cheque de R$ 10.000,00 (o mesmo mostrado pela ENFERMEIRA na ocasião da doação de ERNESTO – seqüência 3).

caixa devolve o cheque

4. volta mastershot

*1. Plano geral, com todos
em quadro*

CAIXA DO BANCO
Os saques tão limitados a R$ 100 por pessoa.

VELHINHO CHEFE
Mas por quê?

CAIXA DO BANCO
É por causa do apagão, meu senhor.

VELHINHO CHEFE
Mas é por isso mesmo que eu preciso sacar o dinheiro...

CAIXA
Infelizmente eu não posso fazer nada. O sistema tá fora do ar...

VELHINHO CHEFE
Mas eu só tenho esse cheque. É muito importante!

CAIXA
Meu senhor, eu não posso fazer nada. São R$ 100 por pessoa.

VELHINHO CHEFE
É muito importante! A gente não pode ficar sem televisão!

SEQÜÊNCIA 25 EXT – DIA – RESERVA INDÍGENA

Cena em estilo documental de ÍNDIOS (da seqüência 2) durante um ritual de dança da chuva.

Obs.: Apagão, só luz de emergência

1. Plano geral, do alto do palco, apontando para mães e bebês, primeira fileira de mães + fechada do que no storyboard

Ernesto em off até plano 2

2. câmera 180°, em frente ao palco, fechado em Ernesto

Os ÍNDIOS dançam em círculo entoando os cânticos típicos desse tipo de manifestação.

SEQÜÊNCIA 26 INT – DIA – SALA DE CONVENÇÕES

Cerca de 30 MÃES com BEBÊS de colo (diversos deles chorando) estão reunidas num salão um pouco escuro (devido ao apagão). Trata-se de uma convenção de solidariedade à MÃE que teve o bebê seqüestrado (SANDRA).

ERNESTO está numa espécie de pequeno palco, no meio de um discurso para as MÃES (sem microfone, devido à falta de luz). Ao seu lado estão RENATA, com cara muito séria, e SANDRA, a mãe homenageada (a mesma da seqüência 3A), com cara tristonha. Atrás deles, um grande pôster com a foto do BEBÊ (o mesmo que estava na carroça do CATADOR – seqüência 21). RENATA está visivelmente incomodada com o excesso de BEBÊS chorando. Ela faz sinal de silêncio para uma MÃE, como que pedindo para ela controlar o seu BEBÊ.

> ERNESTO
> Uma megalópole como São Paulo não pode mais permitir essa situação. Onde é que nós vamos parar desse jeito? Não podemos deixar que uma cidadã seja impedida de andar tranqüila pelo *shopping center*!

3. travelling para a esquerda, carrinho passeia pelas caras das mães e bebês, plano no peito, enquanto as mães aplaudem

Começo do texto de Ernesto em off

4. câmera à frente do palco, plano conjunto Ernesto, Sandra e Renata – fazer este plano até o fim

5. Câmera atrás de Ernesto, Sandra e Renata, com mães ao fundo, embaixo – fazer ambiente ao fundo relativamente escuro

As MÃES aplaudem. Os BEBÊS choram mais ainda.

> ERNESTO
> Eu fico perplexo. Eu fico sem palavras...
> O que merece uma pessoa que seqüestra
> um bebê? (pausa, balançando a cabeça,
> indignado)
> (falando com a homenageada) Eu não
> sei quanto vão pedir pelo resgate do seu
> filho, mas aqui está a minha contribui-
> ção. É o mínimo que eu posso fazer.

ERNESTO saca um cheque de R$ 10.000 e o en-
trega a RENATA.

RENATA abraça SANDRA e entrega o cheque a
ela. SANDRA se comove. As MÃES aplaudem e
os BEBÊS voltam a chorar mais alto.

SEQÜÊNCIA 27 IMAGENS DE ARQUIVO –
REPORTAGEM DE PONZI

Programa em estilo de reportagem/documen-
tário de televisão já em andamento.
Aparecem imagens de jornais americanos da
época mostrando Ponzi como herói nacional.

> ARTUR – *OFF*
> Após cumprir sua pena de prisão, Ponzi
> tentou algumas vezes realizar novamen-
> te a proeza de Boston. Acabou sendo
> deportado para a Itália, onde conseguiu,

Obs.: Daniel algema-se à mão direita de Ernesto

1. carrinho acompanha Ernesto de frente mantendo a distância

Daniel entra em quadro por detrás do quadro (câmera pára); ATENÇÃO: algema-se à mão direita de Ernesto

durante o governo de Mussolini, um emprego na sede brasileira da companhia aérea italiana. A companhia foi fechada ainda durante a guerra sob suspeita de colaboração com o regime fascista e Ponzi, desempregado e enfermo, jamais conseguiu se recuperar. Morreu em 1949, aos 67 anos, num hospital público do Rio de Janeiro, deixando o equivalente a 75 dólares para cobrir as despesas de seu funeral. Fim da história? Não é o que parece. Em 1997, um país inteiro, a Albânia, quase foi à falência devido a um esquema de Ponzi. Em 2002, o maior caso de fraude contábil da história, ocorrido nos Estados Unidos, também foi considerado como mais um episódio do esquema de Ponzi.

SEQÜÊNCIA 28 EXT / INT TÁXI – DIA – PORTA DO PRÉDIO DA CONVENÇÃO DE MÃES / TÁXI DE MARGARETE

ERNESTO sai pela porta do prédio e caminha em direção ao táxi que o espera.
De repente, DANIEL (filho de Artur e Renata) se aproxima correndo e se algema a ERNESTO. (Ou seja, um lado da algema já estava preso no pulso de DANIEL; ele simplesmente prende o outro lado da algema a ERNESTO fazendo com que eles fiquem algemados um ao outro.) O ASSESSOR 1 vê a cena e corre para socorrer o deputado.

assessor 1 corta pela frente de Ernesto e já pega Daniel pelo pescoço; Ernesto fica à dir. de quadro

Ernesto, ao ir caminhando, começa a puxar Daniel e assessor para fora de quadro; Assessor ainda segura Daniel pelo pescoço

Obs.: acompanhamento da finalização digital para fazer opção com marcadores

1. câmera fixa no meio da rua, quando carroça passa por câmera, pan acompanha (opção, caso não funcione com o bebê: câmera fica sem pan)

O ASSESSOR 1 segura DANIEL pelo pescoço, dando-lhe uma gravata bem forte por trás. DANIEL fica meio sufocado.

> ASSESSOR 1
> Dá a chave disso aqui, moleque!

> DANIEL
> Só vou fazer umas perguntas! Só vou fazer umas perguntas!

> ASSESSOR 1
> Dá a chave aqui! (apertando mais) Dá a chave!

> DANIEL
> Não tá comigo, meu!

> ERNESTO (ao assessor 1, já começando a andar em direção ao táxi)
> Vam'bora! Vam'bora!

> ASSESSOR 1
> E ele? (referindo-se a Daniel)

> ERNESTO
> Ele vem junto...

SEQÜÊNCIA 29 EXT – DIA – RUA NO CENTRO 3

ARTUR corre pela rua estreita, puxando a carroça do CATADOR DE PAPEL (aquele que en-

1. *mesmo enquadramento seq. 22, câmera no capô, meio fechada*

Continua o plano, Carlos é visto através da janela de trás do táxi (precisa coreografar o movimento do táxi)

trevistava na seqüência 21) a toda velocidade. Atrás dele, o CATADOR, já a certa distância. Quando ARTUR passa (pela posição em que está a câmera), é possível ver o BEBÊ na traseira da carroça.

SEQÜÊNCIA 30 INT TÁXI / EXT – DIA – TÁXI DE HERMÓGENES / FRENTE DO PRÉDIO DE ARTUR

HERMÓGENES está com seu táxi estacionado em frente à casa de ARTUR. CARLOS está no banco de trás.

CARLOS
Tem certeza que é aqui?

131

HERMÓGENES
Claro que tenho. Até pensei em voltar aqui pra seqüestrar o cara antes dele pegar o prêmio...

CARLOS fica olhando para HERMÓGENES em silêncio para entender se era brincadeira ou não. HERMÓGENES acaba dando um sorriso. CARLOS sorri com a brincadeira, paga e desce do carro.

HERMÓGENES sai dirigindo o táxi. Ao fundo, CARLOS vai se aproximando da entrada do prédio.

TAXISTA 9 – *OFF* (no rádio)
Atenção! O bolão tá quase fechando. Mais alguém interessado?

Obs.: misturar rádio com celular

1. câmera na janela do motorista, com certo ângulo

HERMÓGENES (falando no rádio)
Com'é que funciona esse negócio do bolão? Tem que apostar em alguém específico ou pode ser qualquer um?

SEQÜÊNCIA 31 INT TÁXIS – DIA – CONVERSA EM RÁDIOS DE TÁXIS 2

Acompanhamos uma conversa pelo rádio, indo de um táxi para outro conforme a conversa se desenvolve:

31 A INT TÁXI – DIA – TÁXI 1

TAXISTA 1 (em rádio)
Boa pergunta. Tem opção ou pode chutar qualquer nome?

31 B INT TÁXI – DIA – TÁXI 2

TAXISTA 2 (em rádio)
Pra mim foi o Bill Gates.

31 C INT TÁXI – DIA – TÁXI 3

TAXISTA 3 (em rádio)
Por que o Bill Gates ia jogar dinheiro fora?!

31 D INT TÁXI – DIA – TÁXI 4

TAXISTA 4 (em rádio)
Porque ele é rico, porra!

31 E INT TÁXI – DIA – TÁXI 3

TAXISTA 3 (em rádio)
E desde quando rico joga dinheiro fora?!

31 F INT TÁXI – DIA – TÁXI 5

TAXISTA 5 (em rádio)
Vamo pará com essa confusão! Eu já co-
loquei minha grana nisso e não pretendo perder por falta de organização!

31 G INT TÁXI – DIA – TÁXI 1

TAXISTA 1 (em rádio)
Mas como é que faz pra gente pagar?

31 H INT TÁXI – DIA – TÁXI 6

TAXISTA 6 (em rádio)
Pessoal, é uma questão de confiança. Ou
confia ou não confia!

31 I INT TÁXI – DIA – TÁXI 2

TAXISTA 2 (em rádio)
E se algum desgraçado disser que acer-
tou e não tiver acertado?!

31 J INT TÁXI – DIA – TÁXI 4

TAXISTA 4 (em rádio)
Aí você se fode, mané (riso escrachado).

*2. Plano um pouco mais
fechado somente durante
os xingamentos – todos os
taxistas xingam*

31 K INT TÁXI – DIA – TÁXI 2

> TAXISTA 2 (em rádio)
> Cala a boca, filho da puta!

31 L INT TÁXI – DIA – TÁXI 5

> TAXISTA 5 (em rádio)
> Eu vou pedir pros desocupados sem gra-
> ça se retirar da linha! Cês não têm o di-
> reito de ficar atrasando o lado de quem
> tá na fita.

31 M INT TÁXI – DIA – TXI 4

> TAXISTA 4 (em rádio)
> Porra, é democracia manelão, todo mun-
> do tem direito de se manifestar...

Confusão de xingamentos mútuos e concomi-
tantes (a imagem torna-se vertiginosa nesse
momento, indo de um táxi para o outro). Quando os xingamentos vão se acalmando:

31 N INT TÁXI – DIA – TÁXI 6

> TAXISTA 6 (em rádio)
> Pessoal! Pessoal! Então vamo fazer uma
> votação pra ver se as pessoas que não
> querem participar devem ou não sair da
> linha. Eu voto a favor de sair da linha.

1. mesmo enquadramento da seq. 31 (câmera na janela do motorista, com certo ângulo), em Margarete

31 O INT TÁXI – DIA – TÁXI 2

> TAXISTA 2 (em rádio)
> Eu também!

31 P INT TÁXI – DIA – TÁXI 1

> TAXISTA 1 (em rádio)
> Eu voto a favor.

31 Q INT TÁXI – DIA – TÁXI 4

> TAXISTA 4 (em rádio)
> Eu voto contra.

31 R INT TÁXI – DIA – TÁXI 3

> TAXISTA 3 (em rádio)
> Tem alguém contando os votos?

31 S INT TÁXI – DIA – TÁXI 7

> TAXISTA 7 (em rádio)
> Voto do quê?

SEQÜÊNCIA 32 INT – DIA – TÁXI DE MARGARETE

ERNESTO no táxi de MARGARETE em movimento. Os dois ASSESSORES e DANIEL também estão no banco de trás (DANIEL algemado ao deputado). No rádio do táxi é ouvido o seguinte *off*, com certa interferência:

Ernesto off

2. fechado Ernesto (A PARTIR DAQUI, MASTERSHOT *DO RESTO DA SEQ., que é o plano 3 a seguir)*

3. plano geral frontal do capô

TAXISTA 6 – *OFF* (irritado, em rádio)
Os votos pra ver quem pode participar da organização do bolão de quem jogou o dinheiro fora!

ERNESTO
Que é que ele disse?!

Ninguém responde. MARGARETE olha muito irritada pelo espelho.

ERNESTO (aos assessores)
Cês não ouviram?

Eles respondem que não, com a cabeça.

ERNESTO
Nem você garoto?

Emburrado, DANIEL não responde nem olha para ERNESTO. ERNESTO resolve tentar com MARGARETE. Levanta o corpo e se aproxima do banco da frente.

ERNESTO (tentando ser gentil)
Eu te dou R$ 100 pra você repetir o que ele disse.

MARGARETE (calma, apesar de irritada)
Vem cá, cê acha que tá tudo à venda no mundo?

Daniel pode se mexer no banco, chegando mais à frente

4. do banco do co-piloto: só Ernesto e Daniel em quadro

Corrige com pan para assessor 1 e Daniel

DANIEL
Ele acha sim! Cê não conhece o deputado Ernesto Alves?!

Pausa. ERNESTO olha para DANIEL.

ERNESTO
Mas afinal, o que é que você quer?

DANIEL
Quero que você me confesse que não ganhou 1.313 vezes na loteria.

ERNESTO
Eu não sei se foram 1.313 vezes.

DANIEL
Foram sim. 1.313 vezes.

ERNESTO
Por que eu deveria te confessar isso se não é verdade?

DANIEL
Bom. Eu vou continuar preso enquanto você não me disser.

ASSESSOR 1
Eu te encho de sopapo, garoto! Dá a chave aqui!

5. Volta com pan para Ernesto e Daniel

6. plano geral

Assessor saca o dinheiro

ERNESTO (ao assessor)
O senhor quer parar com esse escândalo.

ERNESTO volta a falar com MARGARETE num tom pretensamente suave:

ERNESTO
Você pode *por favor* responder a minha pergunta e pegar de bom grado os R$ 100 que eu tô te oferecendo?

MARGARETE
Não vai adiantar nada você me oferecer dinheiro.

ERNESTO
Se eu conseguir uma resposta, vai ser dinheiro bem gasto.

MARGARETE
Minha resposta vale R$ 100?

O ASSESSOR 1 saca uma nota de R$ 100 e a aproxima de MARGARETE.

ERNESTO
Vale.

MARGARETE pega a nota de R$ 100.

MARGARETE
Eu também não escutei...

7. fechado em Ernesto

*1. plano médio aberto,
Sandra mais ao fundo,
Renata mais à frente, Júlia
à direita do quadro, já em
quadro, aproximando-se para
abraçar Sandra*

*Sandra afasta-se sem sair de
quadro (sai um pouco de foco)*

Silêncio.

> TAXISTA 8 – *OFF* (no rádio)
> A gente tá aceitando aposta de qualquer valor. É só dizer quem jogou o dinheiro fora. Quem acertar leva tudo.

Vemos a cara de ERNESTO, impassível.

SEQÜÊNCIA 33 INT – DIA – BAZAR DE JÚLIA

RENATA entra com SANDRA em um bazar de roupas caríssimas, de propriedade de JÚLIA. JÚLIA vem na direção delas para recebê-las.

> JÚLIA (abraçando SANDRA antes de falar)
> Ah, que horror! Nenhuma notícia ainda? Nenhum contato?

> SANDRA
> Nada. Isso é o que mais me angustia.

SANDRA saca seu celular e liga para sua família para saber se há alguma notícia. JÚLIA e RENATA olham para ela com pesar. JÚLIA olha então para RENATA e lhe dá um beijo. Elas já estão próximas de uma arara com diversas blusas chiques penduradas.

> RENATA
> Oi.

JÚLIA
E você, ainda irritada?

RENATA (pegando uma blusa da loja e dando uma olhada)
Tem outro jeito?

JÚLIA
O que é que ele fez agora?

RENATA
Ah, sei lá. É a mesma coisa de sempre. Eu tô cansada de ficar ralando pra pagar as contas e ele nem aí.

JÚLIA
Mas ele não tava fazendo umas coisas?

RENATA
Tá fazendo umas coisas... Mas ele ainda acha que pode se dar ao luxo de recusar trabalho que não gosta, sabe? Por que é que ele pode se dar a esse luxo e eu não?

JÚLIA
É... Sei lá, Renata. Cê sabe que eu nunca gostei muito do Artur. Sempre achei ele meio infantil com essa mania de ficar fazendo denúncia de tudo.

RENATA (pegando outra blusa)
O pior é que eu fiquei tão irritada (falando baixo, para Sandra não escutar)

2. *Fecha em Júlia*

corrige com pan para Júlia
buscando o vestido

que acabei contando pra ele da ajuda
do deputado Ernesto...

> JÚLIA
E ele?

> RENATA
Ficou puto, é claro.

JÚLIA (falando baixo, para Sandra não escutar)
> Mesmo cê falando que o dinheiro é pra
> Sandra?

RENATA balança a cabeça afirmativamente.
JÚLIA faz cara de desaprovação, balançando a
cabeça negativamente.

> JÚLIA
Sabe do que você precisa?

> RENATA
Do quê?

> JÚLIA
Cê precisa de um vestido novo...

RENATA sorri do comentário de JÚLIA. JÚLIA
pega um vestido e o coloca sobre RENATA.

JÚLIA (segurando o vestido na frente de Renata)
> Essa cor fica tão bem em você.

Corrige com pan para Renata (atenção: Sandra tem que estar ao fundo!)

Em off (câmera fica em Renata)

3. Fechado em Sandra (por alguns segundos)

4. Mesmo plano em Júlia

5. Mesmo plano em Sandra

6. Mesmo plano em Renata

7. Mesmo plano em Júlia

RENATA segura o vestido.

RENATA (segurando o vestido e se olhando no
espelho)
Cê acha?

JÚLIA
É a sua cara...

RENATA
Eu não posso, Júlia. É muito caro.

SANDRA desliga o celular e fica olhando para
o nada.

JÚLIA (para Sandra, mudando instantanea-
mente para um humor fúnebre)
Nada?

SANDRA
Nada.

RENATA também olha tristonha para SANDRA.

JÚLIA
Que irritante isso... Com'é que pode
simplesmente não dar notícia? Tá bom
que o mundo tá errado, que as coisas
não são justas, mas o que é que a gente
pode fazer? A gente tenta ser legal com
as outras pessoas, não é?! Que mais que
a gente pode fazer? Vai viver trancado

8. *Plano médio em Sandra,
chorosa, por alguns segundos
(ela continua mais ao fundo)*

Júlia entra em quadro pela direita

*Renata entra em quadro
(segurando o vestido –
e a blusa?)*

só porque nasceu mais rico do que os outros? Vai deixar de lado as coisas boas da vida só porque tem pobre no mundo?! É isso?! Isso não tá certo... Isso não tá certo...

Breve pausa, como momento de silêncio em respeito à situação.

JÚLIA (pegando uma blusa)
Essa blusa aqui eu separei pra você. (referindo-se a Sandra)

SANDRA (chorando contidamente)
Obrigada, mas eu não posso gastar dinheiro agora... Ainda tenho que pagar a comissão da Renata...

RENATA
Imagina! Nem pensa nisso! Um dia cê me paga...

SANDRA (chorando contidamente)
Eu sei que cês tão tentando me ajudar, mas a coisa tá difícil pra todo mundo...

JÚLIA (fazendo-se de ofendida)
Sandra, vai. Pelo amor de Deus. A gente é amiga. Depois cê paga. Tó, vai experimentar (entregando a blusa a Sandra).

SANDRA pega a blusa e começa a chorar mais.

Sandra sai andando e sai de quadro (à esq de quadro)

Entra em quadro com sutileza, pela direita

Blusa ou vestido? (depende da geografia: Renata tem que conseguir pegar uma blusa)

6. Fecha em Renata

7. Fecha em Júlia

Sai em direção ao provador. RENATA e JÚLIA ficam olhando para ela.

JÚLIA
Que horror...

RENATA
Nem me fala...

VENDEDORA (aproximando-se de Renata com a primeira blusa na mão)
A senhora vai levar a blusa?

JÚLIA (brava)
Calma, deixa ela experimentar!

VENDEDORA (a Júlia)
Desculpa, é que a senhora disse que odeia blusa largada no balcão...

RENATA
Não, pode deixar. Eu vou levar tudo... Depressão é placebo.

JÚLIA sorri solidária.

SEQÜÊNCIA 34 INT – DIA – PORTA DO APAR-TAMENTO DE ARTUR

CARLOS bate na porta do apartamento de AR-TUR e RENATA.

*Obs.: corredor com recuo
para câmera
Empregada da mesma altura
de Carlos
corredor com janela por causa
do apagão (i.e. luz do dia)*

*câmera atrás de Carlos,
perfilado*

Após alguns segundos, a porta é destrancada e uma fresta se abre (sendo segurada pela correntinha de segurança presa no batente). Pela fresta a EMPREGADA fala com CARLOS.

EMPREGADA
Seu Artur não se encontra.

CARLOS
Puxa vida. E a esposa dele, tá aí?

EMPREGADA
Também não.

CARLOS
Eu precisava muito falar com ele... A senhora não sabe onde eu posso encontrar ele?

EMPREGADA
Sei não... Eu sei que a dona Renata tá lá pros lados do escritório dela. Agora, o seu Artur fica zanzando por aí.

CARLOS
Ah, é? E onde é que fica o escritório dela?

EMPREGADA
Pera um pouquinho...

A EMPREGADA vai para dentro do apartamento pegar alguma coisa, deixando a fresta da porta aberta.

2. plano mais fechado, mesma posição de câmera

3. cobertura: pula 180°, plano oposto, de dentro do apartamento, atrás da empregada

4. a batida da porta é visto de fora (igual ao plano 2) [é bom fazer de dentro também para corte]

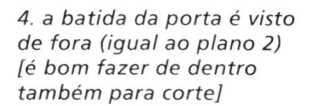

CARLOS espera um instante e depois se aproxima para espiar o apartamento pela fresta. As-
susta-se um pouco quando a EMPREGADA volta.

A EMPREGADA lhe entrega um pedacinho de papel.

> EMPREGADA
> Tá aí o endereço.

> CARLOS
> Brigado! (olhando o papel) Não acredi-
> to. É a Dra. Renata Lopes?

> EMPREGADA
> É. Por quê?

161

> CARLOS
> Nada não. Obrigado.

A EMPREGADA vai fechando a porta.

> CARLOS
> Vem cá, deixa eu perguntar só mais uma
> coisinha...

A EMPREGADA abre novamente a fresta da porta.

> CARLOS
> Cê sabe se o Artur ganhou na loteria?

A EMPREGADA bate a porta.

1. câmera no tripé (fora do carro), 45° ao lado de Margarete, mas bem semelhante ao ângulo usado quando a câmera está presa no carro

obs: Ernesto desce pela porta à esq. de quadro (porta dir. traseira) para que seja possível vê-lo; assessor enfia a cabeça na janela para pagar a corrida e depois fica aguardando para segurar Daniel

Táxi sai, câmera fica parada no lugar (carroça paralela ao táxi)

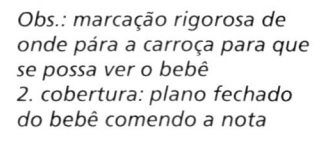

Obs.: marcação rigorosa de onde pára a carroça para que se possa ver o bebê
2. cobertura: plano fechado do bebê comendo a nota

SEQÜÊNCIA 35 EXT / INT TÁXI – DIA – ESQUINA DE AVENIDA / TÁXI DE MARGARETE

MARGARETE deixa ERNESTO no mesmo local onde ele havia pego o táxi inicialmente (seqüência 18). ERNESTO desce indignado, arrastando DANIEL atrás dele. Eles vão andando enquanto o ASSESSOR 1 joga o dinheiro para pagar a corrida (R$ 100, i.e. incluindo a gorjeta oferecida por Ernesto). MARGARETE guarda o dinheiro.

                    MARGARETE (bufando)
          Que dia!

Vemos ARTUR chegar correndo, puxando a carroça do CATADOR DE PAPEL. Chega ao táxi, abre a porta de trás, coloca o enorme saco plástico preto dentro do carro. Através da abertura do saco, MARGARETE vê enorme quantidade de dinheiro.

ARTUR senta-se no banco da frente, ao lado de MARGARETE e pede para partirem rapidamente com o carro.

                    ARTUR
          Vamo! Vamo!

ARTUR olha para trás para ver se o CATADOR se aproxima. Nada dele. O táxi parte em disparada.

Vemos o BEBÊ mordendo sua nota de R$ 100, sentado na carroça deixada ao lado da rua.

*Obs.: tem que ter sol por várias horas no local exato onde senta o catador
Tomar cuidado com o movimento de bares
Rua não estreita demais?
Almofadinha ou joelheira para proteger o joelho da surda-muda*

1. plano aberto para o lado onde está sentada a surda-muda. Catador entra em quadro desistindo de pegar Artur. Pára por um instante e fica olhando para frente (por onde supostamente Artur passou). Sai pela direita de quadro em direção à outra parede em frente à surda-muda

*2. Catador senta-se à frente de surda-muda; câmera razoavelmente baixa, pegando pedaços de pessoas que passam na frente
Obs.: OLHOS FECHADOS*

*3. Plano equivalente na surda-muda
Obs.: quando pedem desculpas, vemos só as mãos*

4. plano simétrico para o outro lado

5. igual a plano 3

6. mesma posição do plano anterior, um pouco mais fechado

*7. fecha o mesmo tanto no catador
Obs.: OLHOS FECHADOS*

SEQÜÊNCIA 36 EXT – DIA – RUA PARA PEDES-
TRES NO CENTRO (CALÇADÃO)

O CATADOR correndo mais devagar, diminuin-
do o passo, desistindo de tentar alcançar ARTUR.

O CATADOR senta-se no chão, num local onde
bate sol. Fecha os olhos e fica contente tomando sol. TRANSEUNTES que passam vão colocando esmola à sua frente, sem que ele se esforce.

Do outro lado da rua, está sentada a SURDA-
MUDA, tentando desesperadamente conseguir
alguma esmola das PESSOAS que passam. Faz
cara de sofrimento, cutuca os TRANSEUNTES,
mas ninguém lhe dá dinheiro. Alguns TRAN-
SEUNTES chegam a se desculpar, mas mesmo
assim, não lhe dão nada.

Vemos novamente o CATADOR tomando sol.
Mais alguns TRANSEUNTES lhe dão dinheiro.

A SURDA-MUDA o observa, irritada. Se esforça
mais um pouco para conseguir dinheiro, mas
não obtém sucesso. Ela passa a olhar fixamente para o CATADOR, que ainda está de olhos
fechados. A SURDA-MUDA vai se irritando pro-
gressivamente com a facilidade do CATADOR
conseguir esmolas.

Ela se levanta muito irritada e sai em direção
ao CATADOR. Ela pára diante dele, cobrindo-
lhe o sol.

surda-muda entra em quadro
tapando o sol; só então
catador abre o olho

8. subjetiva do catador, câmera
baixa; surda-muda a contraluz

9. igual a plano 7; surda-muda
começa a ir na direção do
catador

câmera corrige para baixo
acompanhando a queda do
catador no chão

10. plano bem fechado de
estrangulamento, com câmera
ligeiramente picada

O CATADOR abre o olho e faz um sinal displicente para que ela saia da frente do sol.

A SURDA-MUDA fica com profundo ódio, abaixa-se bem à frente do CATADOR e começa a enforcá-lo. Ele segura as mãos da SURDA-MUDA, tentando se liberar.

No mesmo estilo da reportagem de Ponzi, ouvimos o seguinte *off* enquanto continuamos a ver a imagem da SURDA-MUDA enforcando o CATADOR:

> ARTUR – *OFF*
> O que é mais importante para fazer com que um vigarista como Ponzi seja bem-sucedido? Sua má-fé ou a disposição das pessoas em acreditar? Será um talento individual ou será responsabilidade de todos? Pouco antes de morrer, Ponzi comentou que, mesmo que os cidadãos de Boston não tenham conseguido nenhum dinheiro, foi barato o preço que pagaram, já que lhes proporcionei o melhor espetáculo já visto naquele lugar desde a chegada dos pioneiros.

SEQÜÊNCIA 37 INT TÁXI – TÁXI DE MARGARETE

ARTUR está no táxi de MARGARETE com o saco de dinheiro no banco de trás. Já estão no meio de um diálogo.

MARGARETE
Como é que é?!

ARTUR (convicto, tentando esconder qualquer
possível falta de razão)
É! Um cara lá! O cara que tava puxando
a carroça. Como é que chama aquilo lá?
Um catador de papel.

MARGARETE continua olhando perplexa para
ARTUR ao seu lado.

ARTUR (insistindo em sua versão, mas
desviando o olhar)
Ele não sabia o que fazer com o dinheiro! O que é que eu podia fazer?!

MARGARETE (incrédula)
Cê roubou o cara?!

MARGARETE dá uma risadinha.

ARTUR
Mas o dinheiro não é dele!

MARGARETE
Como é que cê sabe disso?

ARTUR
Ah! Tinha um mendigo cheio de dinheiro
numa carroça – uma coisa *supernormal*,
que você vê todo dia... (chacoalhando

6. *Os 2 em quadro (do capô)*

7. *Plano fechado em Margarete*

1. *quase frontal, plano médio: Ernesto abre a porta e vai entrando em direção à câmera; Ernesto pára próximo à câmera e dá o texto*

a mão em estilo italiano) Que mais que podia ser?! (breve pausa) O fato é que ele *realmente* não sabia o que fazer com o dinheiro...

MARGARETE
E você? Cê sabe?

ARTUR
Eu tô pensando...

MARGARETE
Sei... Então, pela sua lógica, eu também posso ficar com o dinheiro pra mim...

ARTUR
Peraí! É completamente diferente! O cara não tinha nem idéia do que ele tinha pego! Só ficava dizendo *Catei, sô catador, catei...*

MARGARETE
Daí você catou dele...

SEQÜÊNCIA 38 INT – DIA – ESCRITÓRIO DE ERNESTO

ERNESTO abre a porta de seu escritório de forma triunfante, pronto para dar uma enorme lição em seu filho (CARLOS). DANIEL (arrastado pela algema) e os ASSESSORES o seguem. Estão to-

pan acompanha Ernesto, que vai direto abrir a porta do armário; assessores o seguem

Ernesto vira de frente para a câmera, meio que puxando Daniel

2. insert: *plano próximo de assessor surpreso com o som saindo do celular*

3. close *em Ernesto*

dos suados (por subir a escada do prédio a pé, devido à falta de energia). Encontra o escritório exatamente do jeito que o tinha deixado, só que com a porta do armário com dinheiro fechada.

ERNESTO
Ué! Cadê o Carlos?

Os ASSESSORES não respondem.

ERNESTO caminha até o armário puxando DANIEL pela algema e abre a porta. Constata que o dinheiro ainda está todo ali.

DANIEL
(avistando o dinheiro dentro do armário)
Eu sabia! O senhor não tem vergonha não?

ERNESTO (aos assessores)
Afinal, alguém sabe dizer o que tá acontecendo?

ASSESSOR 1 (segurando o celular de Carlos)
O Carlos deixou o telefone aqui. Por isso que a gente não consegue falar com ele.

OFF (nos 2 Nextel, o de Carlos e o do assessor)
Atenção! O bolão tá fechando em 15 minutos.

ERNESTO
Que irritante essa história de bolão... As pessoas não conseguem pensar em outra coisa que não seja dinheiro?!

4. fechado na assessora

5. fechado em Ernesto

*Obs.: carro na pista da esquerda
Rua estreita. Fechar a rua
Figurantes atravessando a rua
Marronzinho em cena – será
que precisa? Estudar quadro
melhor (som de apito?)*

*1. tripé do lado de fora do
táxi – ângulo direito traseiro;
dinheiro em 1º plano, Artur à
direita do quadro (com celular), Margarete à esquerda*

mendigo entra em quadro

*Táxi começa a andar (logo
que começa a andar, corta
para próximo plano, ou seja,
câmera não fica no menino)*

ERNESTO fica refletindo. Após poucos segundos emite um *uhm...* mostrando que chegou a
uma conclusão.

Os ASSESSORES ficam olhando para ele, esperando. Até que a ASSESSORA 2 diz:

ASSESSORA 2
Quer que a gente tente descobrir onde
que o Carlos tá?

ERNESTO
Não. Tenho uma idéia melhor.

SEQÜÊNCIA 39 INT TÁXI – TÁXI DE MARGARETE

O táxi está parado num sinal. ARTUR tenta fazer
uma ligação de seu celular, mas só dá ocupado.
Fica insistindo. Vem uma CRIANÇA PEDINTE.

PEDINTE (estendendo a mão)
Dona, dá uma ajuda. Qualquer moeda
serve.

Sem nenhuma contradição e de forma mecâni-
ca MARGARETE responde meio irritada:

MARGARETE
Não tenho.

MARGARETE parte com o táxi.

2. câmera não muito aberta, lateral 90° de Artur

Obs.: mesa redonda ou oval, luz de emergência misturada com janela

1. fechado, frontal

2. fechado (da mesma posição de câmera), jornalista 1

3. fechado (da mesma posição de câmera), jornalista 2 (jornalista três fora de foco ao fundo)

ARTUR (conseguindo completar a ligação)
Alô, Sônia? É o Artur.
Tudo bem? Tudo...
Quanto cê me paga por uma exclusiva
com a pessoa que conseguiu pegar o di-
nheiro que jogaram fora?
É...
É...

SEQÜÊNCIA 40 INT – DIA – SALA DE REUNIÃO DE JORNAL PARA TV

SÔNIA, chefe de jornalismo de uma rede de TV, realiza reunião de pauta com seus JORNALISTAS. A sala está meio escura apesar da janela. Ela fala em seu celular com ARTUR. Há uma discussão em curso sobre as razões para a queda do dólar.

SÔNIA (no celular)
Artur, péra só um pouquinho... (virando-
se para os jornalistas, abaixando o celular,
fazendo com que eles parem de discutir)
Não, gente. Não é possível. Cada um tem
uma explicação! Cês sabem ou não sabem
dizer por que é que o dólar tá caindo?

JORNALISTA 1
Eu já disse. Foi o pronunciamento do
presidente!

JORNALISTA 2
Bobagem... Ele não falou nada de novo.

4. fechado (da mesma posição de câmera)

5. fechado, frontal

6. fechado, igual ao plano 4

7. fechado, frontal

8. aberto, os 4 em cena

Com certeza é o impacto da abertura dessa nova linha de crédito pro Brasil.

JORNALISTA 3
O mercado não pensa assim. Senão como é que se explica que o euro também tá subindo em relação ao dólar?

SÔNIA
Mas o dólar não deveria tá subindo por causa do apagão e da chuva de dinheiro?

JORNALISTA 3
Que deveria, deveria... mas não tá... Mas, no fundo, tanto faz...

179

SÔNIA
Como assim, *tanto faz*?

JORNALISTA 3
Tanto faz porque ninguém vai assistir televisão... Cê esqueceu que tá sem luz?

Breve pausa. SÔNIA fica olhando para o JORNALISTA 1.

SÔNIA (voltando a falar no celular)
Alô, alô. Oi... Artur, a matéria só me interessa se tiver imagem da chuva de dinheiro. Cê tem?

1. um pouco mais fechado do que o anterior, e eles mais rápido

Obs.: agência com porta de vidro transparente

1. Detalhe

2. plano médio, atrás do velhinho, segurança à DIREITA de quadro, velhinho à direita de costas (segurança do outro lado do vidro)

3. travelling leva a câmera para o lado esquerdo, revelando a fila mais à frente, do outro lado do vidro

SEQÜÊNCIA 41 EXT – DIA – RESERVA INDÍGENA

Continuação da cena em estilo documental de ÍNDIOS dançando em círculo, desta vez mais rápido.

SEQÜÊNCIA 42 INT – DIA – AGÊNCIA BANCÁRIA

Plano de uma luz de emergência (o aparelho).

Um VELHINHO (com jaqueta com o texto *o tempo é a mais-valia de Deus*) está sendo interrogado pelo SEGURANÇA do banco, parado no detector de metal da porta giratória na entrada da agência.

> SEGURANÇA
> O senhor não tem nada mesmo? Chave, moeda, cortador de unha?

O VELHINHO balança a cabeça negativamente.

> SEGURANÇA
> Pode ser a fivela do cinto. Tira o cinto e coloca na caixinha.

O VELHINHO vai tirando seu cinto.

Dentro da agência, há já 30 VELHINHOS atrás do VELHINHO CHEFE, todos parados em frente ao guichê. Atrás deles, há uns 30 CLIENTES NORMAIS já bastante impacientes.

1. mesmo enquadramento anterior (i.e. bastante fechado)

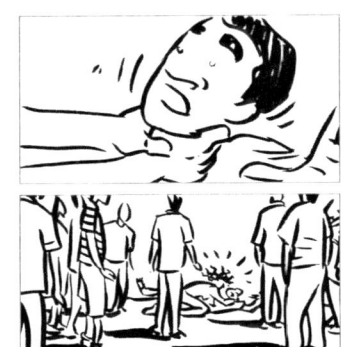

2. plano conjunto, mesmo eixo; vemos por meio das pernas dos figurantes (o enquadramento corta as cabeças e parte dos troncos), ou seja, mais gente do que no desenho

1. câmera 90° da janela de Artur (foco em Artur e Margarete)

SEQÜÊNCIA 43 EXT – DIA – CALÇADÃO NO CENTRO

SURDA-MUDA continua a enforcar o CATADOR.

Em volta deles já há uma roda de PESSOAS observando. Ninguém interfere. O CATADOR continua inerte, já bastante sufocado.

SEQÜÊNCIA 44 INT TÁXI – DIA – TÁXI DE MARGARETE

Segue o diálogo de ARTUR e MARGARETE. O táxi já está em outra rua.

> MARGARETE
> Honestidade é uma coisa, mas isso já é burrice!

> ARTUR
> Ué... Eles querem a chuva de dinheiro?! Eu vou dar a chuva de dinheiro pra eles! O que é que eu posso fazer? Eu também preciso pagar as minhas contas!

> MARGARETE
> Então por que não fica com o dinheiro pra você de uma vez?!

> ARTUR
> Porque não é *honesto*!

2. 90° da janela de Margarete

3. Plano próximo de Artur mostrando dinheiro em foco ao fundo

4. Plano próximo de Margarete mostrando dinheiro em foco ao fundo (fazer este plano até o fim também)

5. Frontal dos 2, com câmera no capô

MARGARETE
E jogar é?! Então joga você!

ARTUR
Como é que eu vou fazer uma reportagem d'eu mesmo jogando dinheiro? Me diz? Aí é que não cola mesmo!

MARGARETE
E cê quer o quê, então? Que eu assuma a culpa?

ARTUR
Culpa não. Mérito.

MARGARETE
Como assim mérito?

ARTUR
Cê já pensou aparecer na televisão como a pessoa que jogou o dinheiro do alto do prédio? Vai ser ótimo pra você.

MARGARETE
Cê bebeu?! E eu vou dizer que o dinheiro surgiu da onde? Que eu roubei de um catador de papel?!

ARTUR
Quanto cê quer?

Breve pausa.

Obs.: ver quem era última para fechar a porta na seq. 48 RENATA está com o vestido novo a partir daqui!!!

1. *frontal do capô, todos em quadro [mastershot de toda a seq.]*

2. Insert *fechado em Renata no mesmo eixo*

3. Insert *fechado em Hermógenes um pouco mais para a direita no capô*

MARGARETE
Metade.

ARTUR
Cê tá louca? Daí não vai sobrar quase nada pra jogar!

SEQÜÊNCIA 45 INT TÁXI – DIA – TÁXI DE HERMÓGENES

RENATA, com SANDRA e JÚLIA no banco de trás do táxi de HERMÓGENES, rodeada por várias sacolas de compras.

HERMÓGENES
O que a senhora acha de jogar dinheiro fora?

RENATA (histérica)
Quem o senhor pensa que é?! Eu faço o que quiser com o meu dinheiro! Eu sou uma mulher independente! Se você não tem dinheiro, o problema é seu! Que absurdo! Onde já se viu falar uma coisa dessas!

ASSESSORA 2 – *OFF* (no rádio)
Tô apostando 100 mil no bolão, QSL?

HERMÓGENES (no rádio, não resistindo
o comentário)
Urrra, meu! Sorte é placebo!

1. *plano fechado no assessor 1*

2. *fechado em Ernesto sentado à mesa (Daniel fora de quadro)*

3. *fechado na assessora (que está próxima ao armário)*

4. *fechado em Daniel (ao lado de Ernesto)*

5. *plano conjunto de frente para a mesa: os 4 em quadro*

SEQÜÊNCIA 46 INT – DIA – ESCRITÓRIO DE ERNESTO

Ao fundo, o ASSESSOR 1 coloca o dinheiro do armário dentro de um grande saco plástico preto (idêntico ao da carroça do CATADOR).

A ASSESSORA 2 está ao lado de ERNESTO (com Daniel algemado), com seu celular na mão.

> ERNESTO
> Tamos no bolão?

> ASSESSORA 2
> Tamo.

> DANIEL
> Cê sabe quem jogou o dinheiro fora?

A ASSESSORA 2 ajuda ASSESSOR 1 a colocar dinheiro no saco. ERNESTO olhando para DANIEL.

> ERNESTO
> Eu só aposto pra ganhar.

> DANIEL
> Sei, 1.313 vezes?

> ERNESTO
> Garoto, eu vou te responder com ações. Palavras não valem nada. Palavras são placebo.

6. Mesmo eixo, plano
fechado só nos assessores à
frente do armário

Obs.: escolher locação para
ver quantos figurantes são
necessários

1. plano aberto, de frente
para o caixa, mas com quadro
repleto de pessoas

2. plano mais fechado,
próximo ao caixa (igual ao
plano do 1° diálogo no banco)

Obs.: ver quem deve fechar
a porta?

A imagem vai para os ASSESSORES. A esta altura, eles estão quase acabando de catar o dinheiro e enfiar no grande saco plástico.

ASSESSOR 1 (falando baixo à assessora 2)
Que história é essa de placebo?

ASSESSORA 2
Placebo é tudo o que funciona porque a gente acha que vai funcionar.

SEQÜÊNCIA 47 INT – DIA – AGÊNCIA BANCÁRIA

PESSOAS na fila original do banco estão agora atrás de um grupo de 50 (?) VELHINHOS amontoados na frente do caixa, todos com jaqueta com o texto *o tempo é a mais-valia de Deus*. Atrás dos VELHINHOS já há mais 30 CLIENTES NORMAIS.

CAIXA (muito impaciente)
Vai demorar muito mais?

VELHINHO CHEFE
Não. A gente já deu o alerta geral.

SEQÜÊNCIA 48 INT TÁXI / EXT – DIA – TÁXI DE HERMÓGENES / CALÇADÃO PRÓXIMO PRÉDIO DO ESCRITÓRIO DE ERNESTO

RENATA está com suas várias sacolas de compras. JÚLIA e SANDRA (com 2 sacolas de compra) também estão ali.

1. plano médio das 3 em
quadro (pelo joelho), táxi
indo embora

manifestação pela paz ainda
fora de quadro

Aqui figurantes vestidos de
branco invadem o quadro
vindos por detrás da câmera
(caminhando de costas para
a câmera)

Júlia e Sandra começam a
andar com os manifestantes

A manifestação pela paz começa a passar ao lado.

JÚLIA
O que é que tá acontecendo?

RENATA
É a manifestação pela paz.

JÚLIA
Nossa... (olha para Sandra) Vamo participar um pouquinho? (Sandra não responde. Para Renata) Vamo, Renata?

RENATA
Não dá, gente. Eu tenho que ir traba-
lhar. Mas vão lá vocês.

SANDRA
Não sei se eu tô a fim... Eu não tô com
muita cabeça pra isso.

JÚLIA
Só um pouquinho, Sandra. Vai te fazer
bem.

RENATA beija SANDRA e JÚLIA.

JÚLIA puxa SANDRA (com suas duas sacolas)
pelo braço. SANDRA resiste um pouco, mas a
segue. Elas se agregam aos MANIFESTANTES,
saindo de cena.

Corrige com pan para dir.,
seguindo Renata (com
suas sacolas) pela massa de
manifestantes de branco

Cortina branca quando passa
alguém na frente da câmera

1. cortina com saco preto de
plástico; Ernesto e assessor
1 carregam o saco preto em
direção à janela, afastando-
se da câmera; Ernesto está
do lado direito; Daniel vai
também aos poucos entrando
em quadro (obs.: fazer com
certa distância da janela
para ter um bom espaço para
a andada)

a essa altura chegam à janela

2. câmera atrás da assessora
2, que está à esquerda de
quadro, apontando a câmera
para Ernesto (e os outros),
mais ao fundo, à frente
da janela

1. Plano mais fechado, índios
mais rápidos

RENATA ergue a mão com suas inúmeras sacolas de compra e vai abrindo caminho pela maré de MANIFESTANTES vestidos de branco, como Moisés.

SEQÜÊNCIA 49 INT – DIA – ESCRITÓRIO DE ERNESTO

ERNESTO segura, com a ajuda do ASSESSOR 1, o enorme saco plástico repleto de dinheiro na beirada da janela. DANIEL está ao seu lado, algemado a ERNESTO.

DANIEL
Duvido que cê tenha coragem!

ERNESTO
Então fica olhando...

A ASSESSORA 2 segura uma câmera de vídeo apontada para ERNESTO, que está prestes a despejar o dinheiro (mantendo DANIEL fora do quadro).

ASSESSORA 2
Peraí! Não joga não! Se jogar daqui alguém pode identificar o deputado e ganhar o bolão...

SEQÜÊNCIA 50 EXT – DIA – RESERVA INDÍGENA

Continuação da cena em estilo documental de ÍNDIOS dançando em círculo, desta vez ainda mais rápido.

Obs.: semicírculo de pessoas grudado à parede

1. Continuação do plano médio anterior, com câmera baixa, através das pernas

Surda-muda sai de quadro pela direita

Pessoas começam a aplaudir com quadro aberto

2. fecha no catador com dinheiro voando

1. câmera atrás de Artur, que está com câmera na mão

SEQÜÊNCIA 51 EXT – DIA – CALÇADÃO NO CENTRO – RUA 4 OU 1?

SURDA-MUDA continua a enforcar o CATADOR.

Em volta deles há ainda uma roda de PESSOAS observando. Ninguém interfere. O CATADOR continua tentando se liberar, já completamente roxo pelo enforcamento.

A SURDA-MUDA tenta dar um último apertão e acaba desistindo. Olha para as PESSOAS em volta. Se afasta, completamente humilhada, fazendo força para ultrapassar a roda de PESSOAS em volta.

Quando ela sai, as PESSOAS aplaudem, empolgadas, o CATADOR e jogam trocados para ele.

Ele fica ali tossindo um pouco, cuspindo no chão, cercado pelas notas de dinheiro. As PESSOAS vão se afastando.

SEQÜÊNCIA 52 EXT – DIA – ALTO DO PRÉDIO DE ESCRITÓRIOS

MARGARETE está na beirada do alto do prédio, segurando o enorme saco de plástico de dinheiro. (Trata-se do mesmo prédio onde fica o escritório de Ernesto, e também, como se verá a seguir, o escritório de Renata.)

2. *vemos através da própria câmera de Artur, câmera na mão, plano razoavelmente fechado, testando o ângulo (meio lateral) descrito no roteiro, câmera se mexe indo para trás de Margarete, tentando achar um quadro*

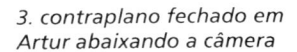

Artur em off

Olhando para a câmera – imagem começa a "cair" – ou seja, Artur está abaixando a câmera

3. *contraplano fechado em Artur abaixando a câmera*

4. *contraplano fechado em Margarete irritada (sem ser subjetiva)*

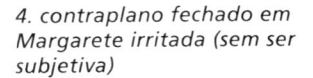

ARTUR posiciona a câmera, estudando o melhor ângulo para a filmagem.

ARTUR (a Margarete)
Vai mais pra lá um pouco.

MARGARETE move-se um pouco para o lado, arrastando com dificuldade o pesado saco plástico.

ARTUR
Aí tá bom...

ARTUR aproxima-se com a câmera da beirada do prédio para testar outro ângulo.

ARTUR
Coloca o saco um pouco mais pra fora pra ver como é que fica.

MARGARETE segura o saco meio dependurado para fora. Depois o puxa de volta para dentro.

MARGARETE
Não dá. Eu vou acabar caindo.

ARTUR (um pouco irritado)
Como é que você vai conseguir jogar se não consegue segurar pra fora?!

MARGARETE olha irritada para ARTUR.

*Obs.: não apontar para
nenhuma luz acesa em
outros prédios*
CRONOMETRAR O OFF

FALSEAR O PULO DOS ANDARES

*1. plano médio, fixo (tripé),
quase frontal: Renata sobe a
escada em direção à câmera,
faz a curva da escada e sai
de quadro;*

2. corta para o patamar de cima

3. corta para o patamar de cima

SEQÜÊNCIA 53 EXT – DIA - PRÉDIO DO ESCRITÓRIO DE ERNESTO – ESCADAS DE EMERGÊNCIA

RENATA está subindo as escadas de emergência de seu escritório (que é o mesmo prédio de Ernesto). São aquelas escadas de metal que ficam na lateral do prédio, do lado de fora. RENATA carrega consigo suas sacolas de compras. Está bastante suada. Uma placa numa das portas que dão acesso ao prédio indica que ela está no 11º andar. Vai caminhando enquanto reflete.

> RENATA – *OFF*
> Outro dia eu só tomei água no almoço. Então mais 8 reais que eu deixei de gastar com o vinho. Já são 132 reais. Mais o quê? As latinhas pra reciclagem que eu vendi em vez de dar são mais 3 reais. Então são 135 reais. Por que é que eu fui gastar 300 reais com essa porcaria de vestido? A Júlia sempre me enrola! Com uma amiga dessas não preciso nem ter um marido desempregado! Mas deve ter mais alguma coisa que eu economizei. Não é possível que não tenha! Ah, tem o táxi do Daniel. Mais 10 reais. Aí já são 145 reais.

RENATA pára um pouco para tomar ar, cada vez mais suada. Apóia as sacolas de compra no chão. A essa altura ela já está no 12º andar. Abana a mão para tentar se refrescar um pouco.

4. corta para o patamar de cima

1. plano razoavelmente fechado (o mesmo da seq anterior); bolo de velhinhos ocupa o quadro; à medida que sacam, vão saindo de quadro; os que não cabiam no quadro inicial, vão entrando

2. plano mais aberto, mais distante do caixa: fila de clientes normais é maior; velhinhos vão caminhando em direção à câmera e saindo de quadro pelo lado esquerdo

RENATA

Que merda esse apagão! Bem que meu escritório podia ser no primeiro andar. Mas não... Tinha que alugar um escritório lá em cima por causa da vista! Mas podiam ter ligado o gerador pra fazer pelo menos o elevador funcionar! Já sei! Eu posso reclamar disso e não pagar a conta de luz do escritório. Só aí já são mais uns 150 reais. (voltando a caminhar) Pronto 295 reais de economia. Não preciso mais devolver o vestido.

SEQÜÊNCIA 54 *CLIP* MUSICAL COM VÁRIOS ACONTECIMENTOS

Clip com música cobrindo o som direto das cenas a seguir (54 A até 54 H).

54 A INT – DIA – AGÊNCIA BANCÁRIA

VELHINHOS com jaqueta *o tempo é a mais-valia de Deus* na agência bancária retirando R$ 100 cada um. Há já 60 (?) VELHINHOS na fila, lotando todo o banco. Atrás deles há uma enorme quantidade de CLIENTES NORMAIS, completamente irritados.

54 B INT – DIA – CORREDOR DO PRÉDIO DE ESCRITÓRIOS

ERNESTO, com DANIEL preso pela algema, e os ASSESSORES vão andando pelo corredor do

Obs.: corredor escuro; luz de emergência criando focos de luz; tentar utilizar a luz das próprias luzes de emergência

1. cobertura: plano da luz de emergência

2. plano razoavelmente aberto; caminham desde o fundo do corredor em direção à câmera, passando pelas zonas de claro e escuro

eles vão se aproximando da câmera

Obs.: quando abre porta, sai um pouco de luz de dentro

Obs.: praticável de 1m com tripé

1. frontal de Júlia e Sandra com câmera alta, plano médio, vários manifestantes em quadro; elas saem de quadro

1. Frontal (ou quase) dos 2, plano cintura; contracampo do lado para o qual se jogará o dinheiro

Obs.: Artur está com a câmera na mão mas abaixada

prédio de escritórios, arrastando o enorme saco de dinheiro e procurando um escritório vazio. A ASSESSORA 2 (carregando uma câmera na mão) tenta abrir uma porta. Está trancada. Olha para ERNESTO um pouco frustrada. ERNESTO diz algo como *vamos em frente* (não ouvido devido à música). A ASSESSORA 2 segue em frente, lentamente, respeitando o ritmo com que os outros empurram o saco de dinheiro. Abre outra porta. Constata que o escritório está ocupado. Desculpa-se e segue em frente.

54 C EXT – DIA – CALÇADÃO EM FRENTE AO PRÉDIO DE ESCRITÓRIOS

SANDRA, desanimada e com suas sacolas, e JÚLIA, completamente animada, caminham em meio aos MANIFESTANTES pela paz (vestidos de branco), destoando pela cor de suas roupas.

54 D EXT – DIA – ALTO DO PRÉDIO DE ESCRITÓRIOS

Na beirada do alto do prédio, MARGARETE está enfiando um cabo de vassoura num buraco que acaba de fazer no saco plástico com o dinheiro, de tal forma que possa dependurar o saco para o lado de fora do beiral.

ARTUR fala para ela que aquilo não vai dar certo. Ela responde irritada dizendo que é o único jeito.

Ambos os textos não são ouvidos devido à música.

Obs.: não precisa ser necessariamente o mesmo prédio, ou seja, pode pegar a porta de emergência em outro lugar

1. mesmo plano da seq. anterior no corredor, só que eles já estão mais próximos à câmera

no fundo do corredor, vemos uma luzinha entrando: é a porta de emergência sendo aberta

2. mesmo enquadramento, só que em outro ponto do corredor

Obs.: tem que ser prédio com patamar embaixo

1. câmera próxima ao chão, ao lado de Margarete e Artur

54 E INT / EXT – DIA – CORREDOR DO PRÉDIO DO ESCRITÓRIO DE ERNESTO / ESCADAS DE EMERGÊNCIA

A ASSESSORA 2 (carregando uma câmera) abre outra porta de escritório e dá uma olhada dentro. Atrás dela, aproximam-se ERNESTO, preso pela algema a DANIEL, e o ASSESSOR 1 empurrando o enorme saco plástico com dinheiro. A ASSESSORA 2 olha contente para os outros, avisa que o escritório está vazio e vai entrando.

Corta para RENATA abrindo a porta de emergência (luz estoura ao fundo). Ela entra no corredor. Porta fecha. Ela caminha mais um pouco até entrar na zona clara da luz de emergência. Fica parada exausta (com as sacolas de compra).

54 F EXT – DIA – ALTO DO PRÉDIO DE ESCRITÓRIOS

MARGARETE está desesperada, praticamente deitada sobre o cabo de vassoura, cuja ponta está para fora do beiral. ARTUR está ao lado dela tentando puxar o saco plástico, pendurado no cabo de vassoura para fora do prédio. O saco está começando a rasgar. ARTUR consegue pegar o saco com uma mão. A ponta do saco (que está sendo segurada por ARTUR e pelo cabo de vassoura) vai lentamente se esgarçando. Até que o saco cai.

Obs.: sem luz no saguão
Som da queda do saco como
fim do clip

1. Plano baixo fixo frontal na
direção do saguão; saco cai
entrando em quadro; pernas
de pessoas entram em quadro
passando na frente sem se dar
conta ??? [fazer opção com e
sem pessoas?]

1. plano fechado lateral,
mostrando a cara de ambos

54 G EXT – DIA – FRENTE DO PRÉDIO DE ESCRITÓRIOS

Vemos o saco plástico pousando com grande velocidade no chão à frente do prédio. O saco cai ligeiramente à direita da porta de entrada do prédio. O saco continua intacto, sem derramar dinheiro para fora.

54 H EXT – DIA – ALTO DO PRÉDIO DE ESCRITÓRIOS

MARGARETE (deitada na beirada, em cima do cabo de vassoura) e ARTUR (agachado ao lado dela) olham abismados para baixo por alguns segundos. Cessa a música e voltamos a ouvir o som direto.

ARTUR
Parece que o saco ainda tá inteiro.

MARGARETE
Parece que sim...

Pausa.

ARTUR
Acho que ninguém viu.

MARGARETE
Acho que não...

1. plano mais fechado e índios mais rápido, com índios que passam ao fundo já fora de foco

Obs.: INSULFILM; *luz é igual à do escritório de Ernesto; não precisa ter varanda, estão simplesmente na janela; fazer o texto final de Ernesto junto com essa cena?*
Corredor e escritório podem ser 2 locações diferentes
Lado de fora do escritório = escuro

1. Plano fechado (nossa câmera), no peito; Ernesto olha para a câmera

Ernesto olha para a direção de onde se aproxima Renata

2. Plano conjunto, todos em quadro (ver desenho)

SEQÜÊNCIA 55 EXT – DIA – RESERVA INDÍGENA

Continuação da cena em estilo documental de ÍNDIOS dançando em círculo, desta vez ainda mais rápido. (Repetem seus cantos tradicionais só que utilizando o nome de Ponzi em vez de sons guturais Pon… zi… Pon… zi…)

SEQÜÊNCIA 56 INT – DIA – ESCRITÓRIO DE RENATA / CORREDOR

Imagem fechada em ERNESTO discursando para a câmera.

> ERNESTO
> Não podemos ficar de braços cruzados! Talvez não seja o suficiente! Mas o importante é o sacrifício! Esse é o preço da democracia! Corta! Dra. Renata?!

Vemos que ERNESTO está à frente da janela de um escritório, em frente à câmera operada pela ASSESSORA 2 e ao lado do ASSESSOR 1 e de DANIEL (a ele algemado). ERNESTO segura o saco vazio de dinheiro (que acaba de ser despejado). A ASSESSORA 2 abaixa a câmera e também se vira para olhar para RENATA, que está atrás dela.

> RENATA
> Daniel?!

3. fechado em Ernesto, da mesma posição de câmera

pan de Daniel saindo correndo

ERNESTO
Quem é Daniel?

RENATA
Deputado Ernesto?

ERNESTO
Você conhece esse garoto?

RENATA
O que é que o senhor tá fazendo no meu escritório algemado ao meu filho?

ERNESTO
Seu filho?! Foi ele que se algemou a mim!

213

RENATA
O que é que tá acontecendo?

ERNESTO
Eu que pergunto o que é que está acontecendo?

Aproveitando-se do impasse, DANIEL solta-se da algema e sai correndo em direção à porta.

Todos ficam meio sem ação, com exceção de RENATA, que tenta sem sucesso segurar DANIEL pela camisa enquanto ele escapa pela porta (parte da dificuldade de segurá-lo se dá pelo fato de estar carregando as sacolas de compra).

4. ISTO É OUTRA LOCAÇÃO:
Mesmo enquadramento de
antes no corredor: Daniel sai
pela porta, depois Renata sai
atrás dele; correm de costas
para a câmera; Renata (ainda
com as sacolas) rapidamente
desiste de correr

5. plano com personagens
reposicionados: Ernesto e
assessores estão em quadro

Pan acompanha assessores
saindo da sala

Pan volta com Renata

RENATA sai atrás de DANIEL.

RENATA (já no corredor)
Daniel, Daniel! Volta aqui! Daniel!

DANIEL corre bem rápido e já está a uma certa distância. RENATA (ainda segurando as sacolas de compra) tenta correr um pouco, mas não consegue (também por causa de seus saltos altos).

Dentro do escritório vemos ERNESTO (com a algema dependurada em seu pulso) e os ASSESSORES.

ASSESSOR 1
Eu sabia que o fedelho tinha a chave!

ASSESSORA 2
Quer que a gente vá atrás dele?

ERNESTO
O que é que você acha? (breve pausa)
(a ambos os assessores) O que cês tão esperando?! Corre!

Os ASSESSORES vão saindo com pressa da sala. A ASSESSORA 2 ainda carrega a câmera de vídeo que acaba de usar.

Logo após a saída dos ASSESSORES, RENATA (ainda segurando as sacolas de compra) entra de volta na sala.

Pode ir falando enquanto caminha

Pan chega até Ernesto (obs.: Ernesto anda um pouco para frente para que se tenha quadro maior)

Pan acompanha Ernesto, que caminha em direção à porta (sem tirar Renata de quadro)

Ernesto sai

Renata olha para a porta, depois olha para o outro lado dando uma parada para pensar

(som da manifestação chama sua atenção?)

Câmera corrige com pan

> RENATA
> O senhor pode me explicar o que tá
> acontecendo?

> ERNESTO (calmamente caminhando em
> direção à porta)
> Muito inteligente o seu filho. Como é
> que ele se chama?

> RENATA
> Daniel.

> ERNESTO
> Precisamos sentar pra conversar sobre
> outros projetos. Que tal quarta-feira
> que vem? 10 horas?

> RENATA (um pouco confusa)
> Pode ser.

> ERNESTO (aperta a mão de Renata e vai
> saindo calmamente da sala)
> Eu te ligo para confirmar.

RENATA fica de pé olhando para a porta por onde acaba de sair ERNESTO.

RENATA caminha até a janela e olha para baixo (deixa as sacolas de compra no chão aqui).

Obs.: ter miniatura de dinheiro à disposição + dinheiro de verdade + dinheiro tamanho real

CÂMERA DE CIMA PARA BAIXO:

1. Plano geral com foco total

CÂMERA DE BAIXO PARA CIMA

2. Plano geral, com céu carregado de dinheiro

Obs.: tomar cuidado com as luzes acesas em volta + prédio sem janelas

1. Steadicam *vai descendo a escada, quando chega perto do personagem, fica atrás dele, andando junto; corte próximo à roupa de Ernesto*

SEQÜÊNCIA 57 EXT – DIA – CALÇADÃO EM FREN-TE AO PRÉDIO DE ESCRITÓRIOS (visto do alto)

Da janela do escritório de RENATA, vemos a majestosa chuva de dinheiro caindo sobre a manifestação pela paz. Os MANIFESTANTES olham para cima, perplexos enquanto o dinheiro cai.

SEQÜÊNCIA 58 EXT – DIA – DESCIDA DAS ESCADAS DE EMERGÊNCIA

Câmera vai descendo a escada de emergência do prédio, em alta velocidade, encontrando os personagens conforme segue. Vai dando voltas pelo lance de escadas de maneira vertiginosa. Quando encontra com algum personagem, a imagem volta à velocidade normal por um momento, conforme indicado. (As seqüências 58 A a 58 D são na verdade um plano seqüência.)

58 A EXT – DIA – ESCADAS DE EMERGÊNCIA

ERNESTO (com a algema dependurada no pulso) desce as escadas com certa pressa. ERNESTO e CARLOS cruzam-se na escada de emergência, CARLOS subindo e ERNESTO descendo. CARLOS, bastante suado, pára de subir para falar com ERNESTO. ERNESTO continua descendo.

CARLOS
O que é que tá acontecendo que tá todo mundo correndo pra baixo?!

2. Steadicam *vai descendo a escada logo após personagem (como se tivesse atravessado ele), quando chega perto do próximo personagem, fica atrás dele, andando junto; corte próximo à roupa de Artur*

ERNESTO (a distância)
Cê viu um garoto descendo a escada?

CARLOS (olhando para Ernesto que continua
descendo, mais abaixo na escada)
Vi. Por quê?!

ERNESTO não responde. CARLOS irrita-se e volta a subir.

Câmera continua a descer em alta velocidade, ultrapassando ERNESTO.

58 B EXT – DIA – ESCADAS DE EMERGÊNCIA

ARTUR e MARGARETE descem a escada com certa pressa. ARTUR tem sua câmera de vídeo na mão.

ARTUR
Será que não é um sinal?

MARGARETE
Como assim um sinal?

A câmera vai se afastando enquanto eles continuam falando. O som da fala deles vai sendo deixado a distância:

ARTUR
Um sinal de que é melhor desistir dessa história de jogar o dinheiro...

3. Steadicam *vai descendo a escada logo após personagem (como se tivesse atravessado ele), quando chega perto do próximo personagem, fica atrás dele, andando junto; corte próximo à roupa do assessor*

4. Steadicam *vai descendo a escada logo após personagem (como se tivesse atravessado ele), quando chega perto do próximo personagem, fica atrás dele, andando junto (não precisa cortar na roupa nesse)*

MARGARETE
Agora que você me convenceu, cê vai
querer desistir?

Câmera continua seu caminho.

58 C EXT – DIA – ESCADAS DE EMERGÊNCIA

Quase sem parar seu caminho, câmera vai passando pelo ASSESSOR 1 e pela ASSESSORA 2
(com câmera de vídeo na mão), que continuam
a descer a escada correndo (mais rápido que Ernesto, Artur e Margarete).

ASSESSOR 1 (esbaforido)
Agora ele exagerou! Jogar tudo fora?!

ASSESSORA 2 (esbaforida)
Nem me fala!

Câmera continua seu caminho.

58 D EXT – DIA – ESCADAS DE EMERGÊNCIA

Quase sem parar seu caminho, câmera vai passando por DANIEL correndo escada abaixo com
seu celular na mão. Sem parar de correr, DA-
NIEL olha para cima às vezes para ver se está
sendo seguido.

1. seguindo por detrás, igual a antes

2. green screen: frontal fechado na cara de velhinho chefe, com as motos atrás dele

3. atrás da moto que vai na frente, na mesma altura do plano anterior (para compor o fundo do plano anterior)

Obs.: saguão apagado
Ver cobertura da seq 63
Saco de dinheiro

1. Plano frontal no joelho

2. plano geral da briga pelo dinheiro – COLOCAR SACO DE LIXO EM QUADRO NO CANTO DIR DO QUADRO

3. volta para plano 1 com Daniel olhando e depois saindo pela direita de quadro – COLOCAR FIGURANTES PASSANDO PELA FRENTE (opção com e sem figs)

com mesmo plano, assessores entram em quadro, olham para a briga e saem pela direita – COLOCAR FIGURANTES PASSANDO PELA FRENTE (opção com e sem figs)

DANIEL (esbaforido)
Alô! É aí que tá rolando o bolão? Eu quero fazer uma aposta!

SEQÜÊNCIA 59 EXT – DIA – RUAS DE SÃO PAULO

Enxame de VELHINHOS motoboys no meio do trânsito. Dirigem perigosamente pelo trânsito parado, com barulho estridente das motos.

SEQÜÊNCIA 60 EXT – DIA – FRENTE DO PRÉDIO DOS ESCRITÓRIOS

De frente para a entrada do prédio, vemos DANIEL chegando até a porta, bastante suado. Ele pára ao lado do saco de dinheiro (que Margarete e Artur deixaram cair do alto do prédio) sem notá-lo. Olha um pouco abismado para o tumulto que tomou conta da manifestação pela paz (que está atrás da câmera). Ouvimos o som de uma *guerra campal* que ocorre. Em seguida, vemos a guerra para pegar o dinheiro que caiu.

Daniel sai correndo (pela direita da tela). Pouco depois, chegam os ASSESSORES, bastante suados (a ASSESSORA 2 com a câmera de vídeo na mão). Eles também param ao lado do saco de dinheiro sem notá-lo e olham para a manifestação por um instante. Depois saem correndo atrás de DANIEL.

1. *Plano médio da carroça com catador ao fundo – fazer a carroça mais na diagonal*

Surda-muda entra em quadro pela esquerda e logo sai de quadro pela direita

1. *câmera com ângulo apontando para porta (mesma posição de câmera anterior*

2. *plano igual ao final da pan na seq. 56*

SEQÜÊNCIA 61 EXT – DIA – ESQUINA DE AVENIDA

O CATADOR aproxima-se de sua carroça (no local onde ARTUR a havia deixado na seqüência 35) com o pequeno bolo de dinheiro (angariado no *espetáculo* com a SURDA-MUDA). Coloca o dinheiro atrás na carroça, ao lado do BEBÊ, que ainda está ali, comendo sua nota de R$ 100. A esta altura só resta um pedacinho da nota.

SURDA-MUDA aproxima-se em disparada e sai levando a carroça embora (com o BEBÊ ainda em cima). O CATADOR fica observando meio sem reação.

SEQÜÊNCIA 62 INT – DIA – ESCRITÓRIO DE RENATA

CARLOS chega à porta do escritório de RENATA bastante suado. A porta está aberta, mas CARLOS bate na porta de qualquer jeito.

CARLOS
Com licença… Dra. Renata?

RENATA ainda está na janela, olhando para baixo. Ela olha brevemente para CARLOS mas não responde. Volta a olhar para baixo. Está um pouco em choque observando da janela a luta que ocorre na manifestação pela paz para pegar o dinheiro. Ela ainda segura as sacolas de compra. Ouvimos o barulho de multidão alvoroçada vindo da janela.

pan acompanha Carlos que vai
se aproximando lentamente
de Renata que está na janela

Obs.: dinheiro já caiu

1. câmera no tripé, bem
fechada nos váriosdetalhes
(5 ou 6 detalhes diferentes,
incluindo os 2 descritos);
câmera acompanha os
movimentos das pessoas
lutando pelo dinheiro

CARLOS vai se aproximando dela.

> CARLOS
> Dra. Renata, desculpa te incomodar, mas eu tenho uma proposta pra fazer sobre o prêmio que você e seu marido ganharam na loteria.

RENATA vira-se e olha para CARLOS com displicência.

> RENATA
> Eu não acredito em loteria.

RENATA volta a olhar para a confusão na manifestação. CARLOS fica olhando para RENATA em silêncio por alguns segundos. CARLOS resolve se aproximar da janela para ver o que está acontecendo. Fica olhando por alguns segundos enquanto ouvimos o som da multidão mais alto.

CARLOS enfia a mão no bolso e pega um maço de cigarro. Tira um cigarro do maço, o acende enquanto continua a observar a confusão que ocorre embaixo na rua.

SEQÜÊNCIA 63 EXT – DIA – CALÇADÃO EM FRENTE AO PRÉDIO DE ESCRITÓRIOS

Vemos o caos dos MANIFESTANTES lutando para pegar o dinheiro que caiu.

2. idem

3. idem

4. idem

5. idem
Sandra sai de quadro
(obs: Sandra tem 2 sacolas de
compra enfiadas no braço)

Obs.: cuidado com luzes
Saco de dinheiro

1. mesmo plano de antes,
quando os personagens
saem pelo saguão do prédio
(pelo joelho) – COLOCAR
FIGURANTES PASSANDO PELA
FRENTE (opção com e sem fig.)

Vemos então breves detalhes da violência. Um desses detalhes é da ENFERMEIRA (da seqüência 3) puxando com toda a violência possível um bolo de dinheiro da mão de outra PESSOA.

Outro detalhe é o de JÚLIA e SANDRA, no meio da manifestação, disputando o dinheiro com outros manifestantes. SANDRA pega algumas notas, mas desiste de pegar mais depois que é atacada por uma MULHER DE VESTIDO BRAN-CO com uma faixa (estilo faixa de miss) dizendo *Viva a Paz*. JÚLIA se engalfinha numa luta pelo dinheiro no chão, com outros manifestantes.

SANDRA escapa carregando seu pequeno quinhão.

SEQÜÊNCIA 64 EXT – DIA – FRENTE DO PRÉDIO DOS ESCRITÓRIOS

ARTUR (com a câmera na mão) e MARGARETE saem pela porta do prédio e param ao lado do saco de dinheiro (que deixaram cair do alto do prédio). Eles olham um pouco abismados para o caos que tomou conta da manifestação (atrás da câmera). O som da multidão é ouvido.

ARTUR

Não é possível! Como é que pode tá chovendo dinheiro se o saco de dinheiro tá aqui? (aponta para o saco ao seu lado)

*2. plano bem fechado
em Artur e Margarete,
mesmo eixo*

Obs.: tomar cuidado com as luzes

*1. subjetiva da câmera de
Artur bem fechada, na mão
(mas sem chacoalhar demais),
buscando ver alguma coisa*

*1. plano bem fechado,
como o da seq. 64; Artur
e Margarete olham para
cima, espremidos no quadro;
Margarete tenta achar o
ângulo da câmera de Artur*

MARGARETE balança a cabeça negativamente (dizendo que não sabe).

ARTUR aponta a câmera para cima no prédio para ver se descobre de onde o dinheiro foi jogado. MARGARETE também olha para cima.

MARGARETE
O que é que cê tá procurando?

ARTUR
Tô vendo se eu acho quem jogou o dinheiro.

SEQÜÊNCIA 65 EXT – DIA – IMAGEM DA CÂMERA DE ARTUR

Vemos a imagem da câmera de ARTUR procurando no alto do prédio algum sinal de alguém que possa ter jogado o dinheiro. Vasculha as janelas dos escritórios nos últimos andares até que encontra RENATA e CARLOS (ainda fumando) observando o tumulto da janela.

ARTUR – *OFF*
Filha da puta! É a Renata!

SEQÜÊNCIA 66 EXT – DIA – FRENTE DO PRÉDIO DOS ESCRITÓRIOS

Na porta do prédio, vemos (com plano fechado) ARTUR apontando a câmera para cima. MARGARETE também continua olhando para cima.

2. Plano no joelho, mesmo eixo (talvez com pequena correção para esquerda para que Ernesto caiba) – COLOCAR FIGURANTES PASSANDO PELA FRENTE (opção com e sem fig.) – ou tentar afastar mais o quadro no final da pan e colocar fig. do lado esq de quadro

3. Fechado no peito de Artur

pan para a esquerda até Ernesto que escapa, tirando Artur de quadro; Artur recupera espaço à medida que corre e entra novamente em quadro – obs.: FAZER O QUADRO PELO FINAL DA PAN

MARGARETE
Quem é Renata?

ARTUR (ainda olhando pela câmera)
É minha mulher. E tem um homem com ela!

MARGARETE
Um homem? Onde? Eu não consigo ver!

ARTUR (apontando com a mão)
Ali!

MARGARETE (que continua tentando ver)
Foi ela que jogou o dinheiro?! Eu não
consigo enxergar!

ARTUR abaixa a câmera irritado. Vemos (com
plano aberto) que ERNESTO (com a algema dependurada no pulso) está ao lado de ARTUR e
MARGARETE na porta do prédio, olhando para
a guerra campal que tomou conta da manifestação pela paz. ARTUR surpreende-se ao vê-lo
ali ao seu lado.

ARTUR
Deputado Ernesto?!

ARTUR (já apontando a câmera para ERNESTO)
sai imediatamente correndo (pelo lado esquerdo do quadro), perseguindo ERNESTO que escapa. ARTUR corre atrás dele. Ambos desapare-
cem virando a esquina do prédio.

quando entra carroça em quadro (vinda da esquerda), pan para direita a acompanha de volta, até trombada com Margarete

câmera corrige, acompanhando o tombo até o chão

Obs.: 4 praticáveis de 1 m + ligeirinho reto
Lugar pequeno para ficar mais amontoado

1. travelling alto, câmera 45° em relação à fila, acompanhando a fila dos insatisfeitos até chegar no bolo de velhinhos e na pilha de envelopes; chega bem perto o 1° envelope (para legibilidade)

Aparece a SURDA-MUDA, vinda da mesma direção pela qual escaparam ARTUR e ERNESTO.

Está correndo, puxando a carroça do CATADOR, olhando para trás, como se tivesse acabado de reconhecer ARTUR, com quem acaba de cruzar.

A SURDA-MUDA tromba com MARGARETE, que está parada no mesmo lugar de antes, olhando para a direção de ARTUR.

As duas caem no chão e ali ficam, na frente da entrada do prédio. A carroça que era puxada pela SURDA-MUDA fica parada ao lado delas.

SEQÜÊNCIA 67 INT – DIA – AGÊNCIA DE CORREIOS

Os VELHINHOS estão amontoados na frente de um caixa do correio. Atrás deles há uma enorme fila de CLIENTES irritados. Em cima do balcão, há uma pilha de centenas de envelopes. No envelope de cima é possível ver o seguinte endereço Ao Cacique Tibiriçá, Aldeia da Luz, Xingu, Contribuição para a Dança da Chuva.

SEQÜÊNCIA 68 EXT – DIA – FRENTE DO PRÉDIO DOS ESCRITÓRIOS

Vários manifestantes ainda brigam pelo dinheiro.

Obs.: som de batalha em vez de se ver a manifestação? Saco de dinheiro

1. travelling *para frente, com vários figurantes na frente* Obs.: *fazer uma briga mais dispersa, i.e. final de briga Margarete e surda-muda encobertas pelos figurantes no começo do plano*

travelling *chega a surda-muda e Margarete caídas*

quando se levanta por completo. Cabeça e parte tronco saem de quadro; surda-muda caminha até o saco de dinheiro, no canto direito do quadro e sai arrastando o saco de quadro

1. *plano um pouco mais aberto que o último: pan lento começa na dança, vai para os 3 índios e acaba no chefe indígena ao lado (falsear chefe para deixá-lo meio de frente)*

Depois vemos a SURDA-MUDA e MARGARETE caídas no chão, entre a entrada do prédio e a confusão na manifestação (a confusão não é mais vista).

A SURDA-MUDA vai levantando a parte de cima do corpo, ficando sentada, levando a mão à cabeça (devido à trombada). Ela olha em volta e avista o enorme saco plástico preto, ao lado de MARGARETE.

Levanta-se, caminha até o saco plástico e o sai arrastando com todas as suas forças, sumindo de vista.

MARGARETE continua desacordada.

SEQÜÊNCIA 69 EXT – DIA – RESERVA INDÍGENA

Ao lado dos ÍNDIOS que realizam a dança da chuva, estão TRÊS ÍNDIOS com um saco com milhares de envelopes dentro, os mesmos enviados pelos VELHINHOS, junto com outros no mesmo estilo. Vão abrindo envelopes e tirando dinheiro deles. O CHEFE INDÍGENA está radiante fiscalizando a grande quantidade de dinheiro retirada pelos ÍNDIOS que abrem os envelopes.

SEQÜÊNCIA 70 INT TÁXI – DIA – TÁXI DE HERMÓGENES

HERMÓGENES está em seu táxi, parado no sinal. Ele segura o rádio na mão, bem impaciente.

Obs.: marronzinho em cena com certeza
Cuidado com semáforo aceso
Carros que passam são nossos?

1. plano atrás de Hermógenes, apontando para a frente do carro

Entram pelo lado direito do quadro

2. câmera 180°, no capô do carro, fechada em Daniel (sentado na posição do meio do banco de trás)

3. mesmo eixo, mais aberto: todos em quadro, a assessora 2 à esquerda do quadro

1. Plano aberto de frente para o saguão; Margarete está caída ao fundo; carroça também está lá; gag ocorre entre a câmera e Margarete caída ao fundo (começa a se mexer mais no final do plano)

HERMÓGENES (falando consigo mesmo)
Não é possível! Por que ninguém me responde?!

À frente do carro passa ARTUR (carregando a câmera de vídeo na mão) correndo atrás de ERNESTO (com a algema dependurada no pulso).

HERMÓGENES (no rádio, meio inconformado)
QSL, por favor, alguém sabe o resultado
do bolão?!

Imagem fechada em DANIEL.

DANIEL
Por que você não acredita em mim? Já
era. A gente ganhou o bolão...

243

Vemos então que DANIEL está sentado no banco de trás do táxi de HERMÓGENES, entre o ASSESSOR 1 e a ASSESSORA 2, os três com cara de satisfeitos. A ASSESSORA 2 segura com cuidado a câmera de vídeo (no colo, como se fosse um bebê). Abre o sinal e HERMÓGENES sai dirigindo mal-humorado.

SEQÜÊNCIA 71 EXT – DIA – FRENTE DO PRÉDIO DOS ESCRITÓRIOS

À frente da entrada do prédio, vemos faixas no chão, camisas rasgadas, um sapato, placas pela paz quebradas, como no final de uma guerra campal.

2. mesmo eixo, plano mais fechado (com pedaço da carroça em quadro); Sandra está escondida atrás da carroça

3. câmera ao lado de Margarete, a 90° de antes, Margarete próxima à câmera; Sandra e bebê mais ao fundo (não esquecer as sacolas no chão)

4. mesmo eixo, fecha em Sandra e bebê

1. Plano geral, cada um num canto do quadro, corpo inteiro (Ernesto à esquerda, Artur à direita)

Passa um manifestante razoavelmente jovem e perdido correndo para um lado, depois para o outro e depois correndo para o outro lado e saindo de cena.

Na porta do prédio, mais ao fundo, vê-se MARGARETE levantando o corpo e ficando sentada, passando a mão num galo em sua cabeça devido à trombada com a SURDA-MUDA.

> SANDRA – *OFF* (chorando, a certa distância)
> Meu amor, meu querido...

O choro chama a atenção de MARGARETE. Ela olha ao seu lado e vê SANDRA agachada atrás da carroça do CATADOR (que antes a escondia), abraçando e beijando o BEBÊ. Ela está muito emocionada, chorando muito, ainda segurando um pequeno bolo de dinheiro em uma das mãos.

> SANDRA (chorando)
> Eu nunca mais vou te esquecer no *shopping*... Eu prometo...

SEQÜÊNCIA 72 EXT – DIA – RUA NO CENTRO 3

ARTUR está bem ofegante. Ele acaba de parar de correr. ERNESTO também está parado. Está a certa distância, ainda mais ofegante, olhando para ARTUR.

Artur desarma a câmera;
Ernesto passa mal também no
plano aberto

2. insert: *bem fechado na cara
e mão no peito de Ernesto;
Ernesto cai no chão, câmera
acompanha*

Obs.: *caminhão de bombeiro
+ tubo furado para chuva no
primeiro plano*

1. *câmera do alto, plano
aberto, roda ainda feita,
índios olham para o alto*

2. *mesma posição de câmera,
plano mais fechado (em uns 3
ou 4 índios)*

3. *Plano aberto*

4. *Plano fixo da palhoça,
vários índios entram em
quadro (pela esquerda)
carregando os envelopes (em
sacos e em bolos na mão)*

começa a chover

ARTUR levanta novamente a câmera e a aponta para ERNESTO. ERNESTO está cansado demais para sair correndo de novo.

> ARTUR (esbaforido)
> Deputado... de uma vez por todas...
> Confessa que o senhor... não ganhou...
> 1.313 vezes na loteria!

ERNESTO sente uma dor profunda no peito. Começa a apertar o coração com veemência. Acaba caindo no chão, desfalecido.
Ouvimos som de trovão retumbante.

SEQÜÊNCIA 73 EXT – DIA – RESERVA INDÍGENA

Trovão. Os ÍNDIOS param de dançar e olham para o céu meio surpresos, chegando a entreolhar-se.

Céu carregado de nuvens escuras.

Carregam os envelopes com dinheiro para uma área coberta por teto para protegê-los da chuva.

Cai chuva torrencial.

1. *plano fixo*

2. *diversas pans (para
a direita) [e fusões na
montagem]: alta tensão,
cabos menores, postes*

*Obs.: DVD com programa de
loteria*

1. *pan para a direita saindo
do poste na frente do asilo
até os últimos 3 velhinhos
entrando no asilo e fechando
a porta*

2. *mesma posição de câmera
da seq. de Ernesto chegando
pelo corredor: velhinhos vão
entrando na sala comum pelo
corredor; vários deles já estão
de pé na sala comum; tiram
as jaquetas e as penduram no
corredor (alguns em quadro,
outros não)*

3. *mesmo eixo, um pouco
mais fechado; acende a luz e
volta a funcionar a TV*

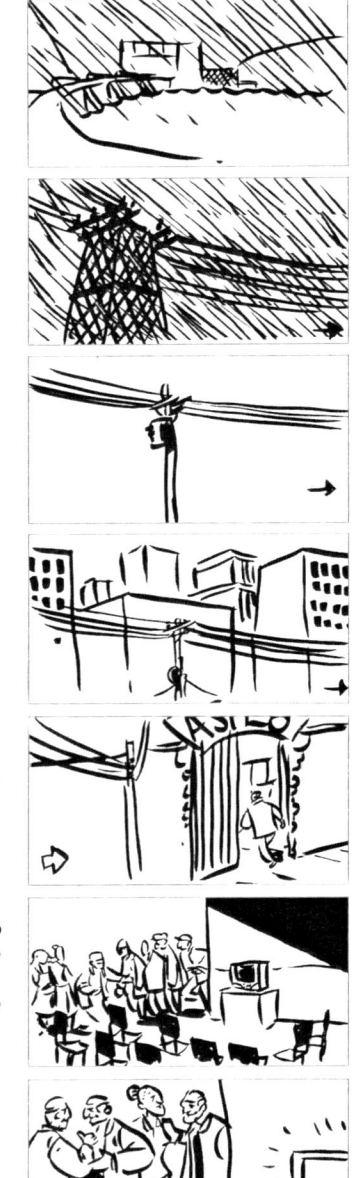

SEQÜÊNCIA 74 EXT – DIA – IMAGENS DO FIM DO APAGÃO

Imagens de chuva em represa.
Imagens de cabos de transmissão de eletricidade de alta tensão.
Seguindo as imagens de diversos cabos, passando por postes menores, chegamos a:

SEQÜÊNCIA 75 INT / EXT – DIA – ASILO DE VELHINHOS

Grupo de VELHINHOS chegando de volta ao asilo.

Estão tirando as jaquetas (com *o tempo é a mais-valia de Deus*) e se dirigindo até a sala comum de televisão. A sala está meio escura, sendo iluminada somente pela janela ao fundo.

Volta a luz. A TV acende e começa a emitir barulho característico. Breve animação toma conta dos VELHINHOS, que chegam a se parabenizar mutuamente.

> APRESENTADOR (na TV)
> Em nome da diretoria, gostaria de enfatizar que nosso trabalho sempre foi e sempre será baseado na imparcialidade, e que nossos objetivos são a prosperidade e a fraternidade para todos. Sorte não é opinião.

4. *frontal na direção das cadeiras (ou sofá?), velhinhos sentando e olhando fixo para a TV*

5. *contraplano atrás das cadeiras [um trecho do texto do programa de TV abaixo começa aqui]*

Obs.: captar som do apresentador dizendo os números do bilhete

1. *plano fechado no apresentador (como o da seq anterior)*

2. *mesmo eixo, plano conjunto com loiras ao lado e com mesa e esfera com bolinhas*

Obs.: loiras rebolam com as mãos para trás durante o giro das bolinhas

1. *fechado, 45° do lado do motorista nos 6 planos*

Os VELHINHOS sentam-se em frente à TV, ficando imediatamente hipnotizados.

Na TV passa um sorteio de loteria.

SEQÜÊNCIA 76 INT – ESTÚDIO DE LOTERIA

APRESENTADOR cafona, ladeado por duas LOIRAS TINGIDAS.

> APRESENTADOR
> Gostaríamos de informar que os boatos de que o dinheiro da loteria teria sido jogado do alto de um prédio são totalmente infundados.
> Tendo dito isso, vamos começar o nosso sorteio. Meninas, por favor...

A LOIRA 1 gira a esfera repleta de bolas com números. Ouve-se o barulho característico. O APRESENTADOR aproxima-se da esfera para tirar a primeira bolinha.

> APRESENTADOR
> E o primeiro número é...

SEQÜÊNCIA 77 INT TÁXIS – DIA – CONVERSA EM RÁDIOS DE TÁXIS 3

Acompanhamos uma rápida seqüência de falas pelo rádio, indo de um táxi para outro:

2.

3.

4.

5.

6.

*Obs.: bilhete de loteria com
identificação atrás*

*1. câmera fixa, frontal, plano
no joelho; Margarete caminha
em direção à câmera*

77 A – TAXISTA 1 (no táxi 1)
31.

77 B – TAXISTA 2 (no táxi 2)
31.

77 C – TAXISTA 3 (no táxi 3)
31.

77 D – TAXISTA 4 (no táxi 4)
31.

77 E – TAXISTA 5 (no táxi 5)
31.

77 F – TAXISTA 6 (no táxi 6)
31.

SEQÜÊNCIA 78 EXT – DIA – RUA PRÓXIMA A CALÇADÃO

TAXISTA 7 – *OFF* (no rádio de Margarete)
31.

MARGARETE está apoiada em seu táxi. Na mão, tem seu bilhete de loteria. Ao fundo, vemos um ponto de táxi.

Novamente ouvimos barulho da esfera com bolinhas girando.

SEQÜÊNCIA 79 INT TÁXIS – DIA – CONVERSA EM RÁDIOS DE TÁXIS 4

Acompanhamos uma rápida seqüência de falas pelo rádio, indo de um táxi para outro:

1. *fechado, 90° do lado do passageiro nos 6 planos*

2.

3.

4.

5.

6.

79 A – TAXISTA 8 (no táxi 1)
32.

79 B – TAXISTA 9 (no táxi 2)
32.

79 C - TAXISTA 1 (no táxi 3)
32.

79 D - TAXISTA 2 (no táxi 4)
32.

79 E - TAXISTA 3 (no táxi 5)
32.

79 F - TAXISTA 4 (no táxi 6)
32.

SEQÜÊNCIA 80 INT TÁXI / EXT – TÁXI DE
HERMÓGENES / RUA ESTREITA 3

TAXISTA 5 – *OFF* (no rádio de Hermógenes)
32.

HERMÓGENES está dirigindo seu táxi sozinho. HER-MÓGENES confere seu bilhete, já em sua mão.

Novamente ouvimos barulho da esfera com bolinhas girando.

SEQÜÊNCIA 81 INT TÁXIS – DIA – CONVERSA EM RÁDIOS DE TÁXIS 5

Acompanhamos uma rápida seqüência de falas pelo rádio, indo de um táxi para outro:

Obs.: continuidade: assessora 2 à esq. de quadro

1. frontal do capô

1. fechado, 45° do lado do motorista nos 6 planos

2.

3.

4.

5.

6.

81 A - TAXISTA 6 (no táxi 1)
33.

81 B - TAXISTA 7 (no táxi 2)
33.

81 C - TAXISTA 8 (no táxi 3)
33.

81 D - TAXISTA 9 (no táxi 4)
33.

81 E - TAXISTA 1 (no táxi 5)
33.

81 F - TAXISTA 2 (no táxi 6)
33.

SEQÜÊNCIA 82 INT – BAZAR DE JÚLIA – VENDEDORA CONFERE BILHETE

APRESENTADOR – *OFF* (em rádio de pilha)
33.

VENDEDORA do bazar de Júlia confere seu bilhete.

Novamente ouvimos barulho da esfera com bolinhas girando.

1. plano fechado

1. fechado, 90° do lado do
passageiro nos 6 planos

2.

3.

4.

5.

6.

SEQÜÊNCIA 83 INT TÁXIS – DIA – CONVERSA EM RÁDIOS DE TÁXIS 6

Acompanhamos uma rápida seqüência de falas pelo rádio, indo de um táxi para outro:

83 A – TAXISTA 3 (no táxi 1)
34.

83 B – TAXISTA 4 (no táxi 2)
34.

83 C – TAXISTA 5 (no táxi 3)
34.

83 D – TAXISTA 6 (no táxi 4)
34.

83 E – TAXISTA 7 (no táxi 5)
34.

83 F – TAXISTA 8 (no táxi 6)
34.

SEQÜÊNCIA 84 INT – QUARTO DE ZÉZÃO

APRESENTADOR – *OFF* (ouvido pelas caixas de som do computador)
34.

ZÉZÃO confere seu bilhete de loteria.

Novamente ouvimos barulho da esfera com bolinhas girando.

1. o mesmo plano inicial, de quando jogava computador

1. fechado, 45° do lado do motorista nos 6 planos

2.

3.

4.

5.

6.

SEQÜÊNCIA 85 INT TÁXIS - DIA - CONVERSA EM RÁDIOS DE TÁXIS 7

Acompanhamos uma rápida seqüência de falas pelo rádio, indo de um táxi para outro:

> **85 A** – TAXISTA 9 (no táxi 1)
> 35.
>
> **85 B** – TAXISTA 1 (no táxi 2)
> 35.
>
> **85 C** – TAXISTA 2 (no táxi 3)
> 35.
>
> **85 D** – TAXISTA 3 (no táxi 4)
> 35.
>
> **85 E** – TAXISTA 4 (no táxi 5)
> 35.
>
> **85 F** – TAXISTA 5 (no táxi 6)
> 35.

SEQÜÊNCIA 86 INT – SALA DE REUNIÃO DE JORNAL

> APRESENTADOR – *OFF* (em rádio)
> 35.

SÔNIA, a editora de jornalismo, confere seu bilhete.

Outros JORNALISTAS na sala também sacam seus bilhetes.

*Obs.: iluminar mais;
Computador ligado; mais
barulho de redação*

1. frontal fechado

*2. abre plano conjunto, com
todos ainda sentados à mesa*

*3. mesmo eixo, fecha nos mo-
nitores de TV, com a bolinha
36 caindo (mais de
um monitor)*

Obs.: mudou a luz: mais claro

*1. plano aberto da agência
inteira (como os planos
abertos anteriores), de frente
para o caixa, com Sandra já
entrando na agência, pessoas
sendo atendidas em todos os
caixas menos 1*

*2. plano médio fechado,
mesmo eixo; surda-muda
entra em quadro pela esq.,
Sandra entra em quadro pela
direita; Sandra entrega o
cheque ao caixa*

*3. close do cheque sendo
entregue ao caixa (que o
recebe)*

Ao fundo, em 3 monitores de TV (agora ligados, após o retorno da luz), vemos imagem das esferas da loteria girando.

Novamente ouvimos barulho da esfera com bolinhas girando.

Vemos, nos 3 monitores de TV, que cai a bolinha sorteada número 36.

SEQÜÊNCIA 89 INT – DIA – AGÊNCIA BANCÁRIA

Mesma agência bancária em que os VELHINHOS estiveram. A luz já está acesa. SANDRA entra na agência. Atrás da SURDA-MUDA, que está na fila, há alguns CLIENTES. À sua frente, somente uma PESSOA – que já está andando para ser atendida.

A SURDA-MUDA arrasta o saco mais à frente Após a PESSOA à sua frente ser chamada para o caixa.

Quando chega a sua vez, ela começa a arrastar o saco para ir até o caixa. A essa altura SANDRA já está chegando ao caixa (carregando o BEBÊ) e passa na frente da SURDA-MUDA.

Ela tem o cheque doado por ERNESTO em suas mãos (vê-se o nome Ernesto Alves no local para a assinatura no cheque).

1. plano médio, frontal, como o primeiro plano da seq. 1

2. plano próximo do bilhete do ponto de vista do funcionário, encobrindo catador à sua frente

funcionário abaixa o bilhete revelando o catador

1. plano frontal médio

Fusão para o preto.

SEQÜÊNCIA 90 INT/EXT – DIA – CASA LOTÉRICA

Vemos a carroça estacionada à frente da lotérica, sem ninguém ao lado.

O CATADOR apresenta seu bilhete premiado a FUNCIONÁRIO da lotérica. O funcionário, apesar de descrente, confere o bilhete e vê que está correto 31, 32, 33, 34, 35, 36.
Fusão para o preto.

SEQÜÊNCIA 91 INT – DIA – AGÊNCIA BANCÁRIA

Continuação da seqüência 89.

SURDA-MUDA já no caixa do banco, tirando bolos de notas do saco plástico e colocando em cima do balcão.

O CAIXA DO BANCO (o mesmo de antes) examina as notas.

CAIXA (o mesmo de antes)
Não, minha senhora, isso aqui é placebo.

A SURDA-MUDA está entretida na tarefa de colocar as notas em cima do balcão e – evidentemente – não ouve.

2. Perfilado, do ponto de vista do caixa, com caixa girando a nota (por detrás do ombro do caixa)

3. subjetiva da surda-muda (câmera na mão sutil), caixa olha para a câmera e repete o texto [o mesmo efeito de som anterior: ouve-se um ruído surdo]

1. plano fechado, câmera meio perfilada em relação à traseira da carroça; há já certa quantidade de dinheiro na carroça; vemos a cara e a mão do mendigo, mas não vemos de onde tira o dinheiro que coloca na carroça (que está fora de quadro)

Obs.: todos de óculos escuros, policiais e índios?
Colete preto para policiais

De perto, na mão do CAIXA, vê-se que as notas são na verdade uma propaganda, do tamanho de notas de cem reais, com uma cópia bem-feita da nota de um lado e de outro o seguinte texto impresso *Ganhe dinheiro sem sair de casa*.

O CAIXA se esforça para chamar sua atenção.

CAIXA (mais alto)
Minha senhora, isso aqui não é dinheiro.

Vendo do ponto de vista da SURDA-MUDA, ele fala mas não se ouve nada.

Fusão para o preto.

SEQÜÊNCIA 92 EXT – DIA – FRENTE DA CASA LOTÉRICA

CATADOR coloca uma grande quantidade de dinheiro em sua carroça.
Fusão para o preto.

SEQÜÊNCIA 93 EXT – DIA – RESERVA INDÍGENA

Os ÍNDIOS, de óculos escuros e algemados, se escondem das câmeras de JORNALISTAS enquanto são escoltados por POLICIAIS. À frente dessa cena, ARTUR, segurando um microfone, faz sua reportagem.

1. Artur olha para a câmera
(plano na cintura); índios
se aproximam pelo fundo,
chegando mais perto da
câmera e saindo de quadro
pela esq.

2. após o texto, pan para
a esq mostrando os índios
sendo levados pela polícia

Obs.: colocar essa seq. após
os créditos?

1. plano médio na cintura,
atrás do catador (meio de
lado); atrás da balança, o
funcionário de frente para a
câmera, acabando de colocar o
último bolo de dinheiro
na balança

ARTUR (para a câmera)
Sem nunca ter ouvido falar de Ponzi, uma tribo indígena do Xingu conseguiu angariar em questão de dias uma quantidade enorme de recursos, prometendo lucro fácil através de seus serviços de dança da chuva. Vários investidores alegam que de fato choveu e que portanto não é justo interromper a operação. Será verdade ou mera coincidência? Talvez tenha razão Ponzi ao dizer que isso não importa. O que vale é o espetáculo. Essa é a verdadeira herança de Ponzi.

A câmera da reportagem aponta para os ÍNDIOS sendo levados pela polícia.
Fusão para o preto.

SEQÜÊNCIA 94 INT – DIA – COOPERATIVA DE CATADORES DE PAPEL

CATADOR está ao lado de balança em cooperativa de catadores de papel, onde um FUNCIONÁRIO pesa o dinheiro como se fosse papel para reciclagem (junto com papelão e jornal).

FUNCIONÁRIO
Pesado esse papel...

CATADOR (concordando com a cabeça)
É...

Obs.: estilo programa altas
horas, com arquibancada +
figurantes

1. plano fechado em Renata

pan até Daniel, mostrando
que ela assiste ao programa
dos bastidores

Fusão para o preto.

SEQÜÊNCIA 95 INT – ESTÚDIO DE PROGRAMA DE TV

RENATA está nos bastidores de um estúdio de TV, olhando orgulhosa para DANIEL, que está em um programa de entrevistas com platéia de adolescentes. O programa já está em andamento.

ENTREVISTADOR (de pé)
Onde é que foi parar o deputado?!

DANIEL (sorrindo)
Sei lá onde tá o deputado! Se não acharam nem o Bin Laden!

ENTREVISTADOR
Conta aí, meu! Vai esconder o jogo?

DANIEL
Não sei mesmo.

ENTREVISTADOR
E cê trouxe o vídeo do deputado aí?

DANIEL
Trouxe. Taí com a produção.

ENTREVISTADOR (virando para dentro do estúdio, na direção da câmera)
Produção... solta o vídeo...

Obs.: mãozinha algemada de Daniel aparecendo no vídeo? Ernesto segura o saco plástico preto?

1. travelling *para trás lento, saindo da TV até ficar com velhinhos em referência de costas*

*** A. câmera na mão da assessora 2, plano médio aberto para que seja possível ver que foi Ernesto que jogou o dinheiro, depois plano mais fechado [fazer o texto inteiro com as 2 opções?]

2. pan (*ou* travelling *a 90° do outro) descrevendo os velhinhos (esq para dir)*

SEQÜÊNCIA 96 INT – DIA – ASILO DE VELHINHOS

Imagem de TV de ERNESTO fazendo discurso grandiloqüente para a câmera. Trata-se do discurso feito à frente do dinheiro sendo jogado do alto do prédio (seqüência 56), gravado pela ASSESSORA 2.

Depois de alguns segundos de discurso na TV, a imagem vai se distanciando (lentamente), até que é possível perceber que estamos no asilo dos VELHINHOS que babam diante da TV.

> ERNESTO
> O mundo insiste em dizer que todos os problemas derivam da má distribuição do dinheiro...
>
> Culpa de quem? Da economia?! A economia nunca passará de uma arte divinatória, um oráculo, tanto quanto a astrologia e a meteorologia, que, diga-se de passagem, acertam mais.
>
> O problema não é o excesso de riqueza. O problema não é o mercado. O problema é o poder. O poder não pode ser confortável. O poder tem que ser um fardo, um sacrifício constante, para qualquer um que queira possuí-lo!

3. Volta com travelling

Após um passeio pelos VELHINHOS babando, voltamos a ver ERNESTO na TV da sala comum. Vamos vendo ERNESTO cada vez mais de perto, até que no final vemos praticamente só a boca dele.

ERNESTO (mudando para tom mais suave)
É por isso que eu estou aqui, de pé diante de minha fortuna sendo jogada pela janela. Eu faço isso porque pretendo abdicar de minha responsabilidade perante a sociedade. Eu sou uma farsa. Sei ganhar dinheiro mas não sei me responsabilizar pelo poder que ele me confere. Faço votos que este exemplo seja seguido por todos os incapazes de liderar. Porque se não for, em breve, não sobrará mais nada para ninguém.

TEXTO SOBRE FUNDO PRETO "Fim da Linha"

SEQÜÊNCIA FINAL

Índice

Crédito das Fotografias

Igor Pessoa 18, 36, 43, 46, 102, 103, 120, 148, 170, 198, 270, 274

Divulgação (Aloysio Raulino) 42, 106, 130, 170, 198, 268

Coleção Aplauso

O Céu de Suely
Roteiro de Mauricio Zacharias, Karim Aïnouz e Felipe Bragança

Chega de Saudade
Roteiro de Luiz Bolognesi

Cidade dos Homens
Roteiro de Paulo Morelli e Elena Soárez

Como Fazer um Filme de Amor
Roteiro escrito e comentado por Luiz Moura e José Roberto Torero

Críticas de Edmar Pereira – Razão e Sensibilidade
Org. Luiz Carlos Merten

Críticas de Jairo Ferreira – Críticas de Invenção: Os Anos do São Paulo Shimbun
Org. Alessandro Gamo

Críticas de Luiz Geraldo de Miranda Leão – Analisando Cinema: Críticas de LG
Org. Aurora Miranda Leão

Críticas de Rubem Biáfora – A Coragem de Ser
Org. Carlos M. Motta e José Júlio Spiewak

De Passagem
Roteiro de Cláudio Yosida e Direção de Ricardo Elias

Desmundo
Roteiro de Alain Fresnot, Anna Muylaert e Sabina Anzuategui

Djalma Limongi Batista – Livre Pensador
Marcel Nadale

Dogma Feijoada: O Cinema Negro Brasileiro
Jeferson De

Dois Córregos
Roteiro de Carlos Reichenbach

A Dona da História
Roteiro de João Falcão, João Emanuel Carneiro e Daniel Filho

Os 12 Trabalhos
Roteiro de Claudio Yosida e Ricardo Elias

Estômago
Roteiro de Lusa Silvestre, Marcos Jorge e Cláudia da Natividade

Fernando Meirelles – Biografia Prematura
Maria do Rosário Caetano

Fim da Linha
Roteiro de Gustavo Steinberg e Guilherme Werneck; Storyboard de Fabio Moon e Gabriel Bá

Fome de Bola – Cinema e Futebol no Brasil
Luiz Zanin Oricchio

Guilherme de Almeida Prado – Um Cineasta Cinéfilo
Luiz Zanin Oricchio

Helvécio Ratton – O Cinema Além das Montanhas
Pablo Villaça

O Homem que Virou Suco
Roteiro de João Batista de Andrade, organização de Ariane
Abdallah e Newton Cannito

*João Batista de Andrade – Alguma Solidão e Mui-
tas Histórias*
Maria do Rosário Caetano

Jorge Bodanzky – O Homem com a Câmera
Carlos Alberto Mattos

José Carlos Burle – Drama na Chanchada
Máximo Barro

Liberdade de Imprensa – O Cinema de Intervenção
Renata Fortes e João Batista de Andrade

Luiz Carlos Lacerda – Prazer & Cinema
Alfredo Sternheim

Maurice Capovilla – A Imagem Crítica
Carlos Alberto Mattos

Não por Acaso
Roteiro de Philippe Barcinski, Fabiana Werneck Barcinski e
Eugênio Puppo

Narradores de Javé
Roteiro de Eliane Caffé e Luís Alberto de Abreu

Onde Andará Dulce Veiga
Roteiro de Guilherme de Almeida Prado

Pedro Jorge de Castro – O Calor da Tela
Rogério Menezes

Quanto Vale ou É por Quilo
Roteiro de Eduardo Benaim, Newton Cannito e Sergio Bianchi

Ricardo Pinto e Silva – Rir ou Chorar
Rodrigo Capella

Rodolfo Nanni – Um Realizador Persistente
Neusa Barbosa

O Signo da Cidade
Roteiro de Bruna Lombardi

Ugo Giorgetti – O Sonho Intacto
Rosane Pavam

Viva-Voz
Roteiro de Márcio Alemão

Zuzu Angel
Roteiro de Marcos Bernstein e Sergio Rezende

Série Crônicas

Crônicas de Maria Lúcia Dahl – O Quebra-cabeças
Maria Lúcia Dahl

Série Cinema

Bastidores – Um Outro Lado do Cinema
Elaine Guerini

Série Ciência & Tecnologia

Cinema Digital – Um Novo Começo?
Luiz Gonzaga Assis de Luca

Série Dança

Rodrigo Pederneiras e o Grupo Corpo – Dança Universal
Sérgio Rodrigo Reis

Teatro de Revista em São Paulo – De Pernas para o Ar
Neyde Veneziano

O Teatro de Samir Yazbek: A Entrevista – O Fingi-dor – A Terra Prometida
Samir Yazbek

Teresa Aguiar e o Grupo Rotunda – Quatro Déca-das em Cena
Ariane Porto

Série Perfil

Aracy Balabanian – Nunca Fui Anjo
Tania Carvalho

Ary Fontoura – Entre Rios e Janeiros
Rogério Menezes

Bete Mendes – O Cão e a Rosa
Rogério Menezes

Betty Faria – Rebelde por Natureza
Tania Carvalho

Carla Camurati – Luz Natural
Carlos Alberto Mattos

Cleyde Yaconis – Dama Discreta
Vilmar Ledesma

David Cardoso – Persistência e Paixão
Alfredo Sternheim

Denise Del Vecchio – Memórias da Lua
Tuna Dwek

Emiliano Queiroz – Na Sobremesa da Vida
Maria Leticia

Etty Fraser – Virada Pra Lua
Vilmar Ledesma

Gianfrancesco Guarnieri – Um Grito Solto no Ar
Sérgio Roveri

Glauco Mirko Laurelli – Um Artesão do Cinema
Maria Angela de Jesus

Zezé Motta – Muito Prazer
Rodrigo Murat

TV Tupi – Uma Linda História de Amor
Vida Alves

Victor Berbara – O Homem das Mil Faces
Tania Carvalho

Formato: 12 x 18 cm

Tipologia: Frutiger

Papel miolo: Offset LD 90 g/m^2

Papel capa: Triplex 250 g/m^2

Número de páginas: 292

Editoração, CTP, impressão e acabamento:
Imprensa Oficial do Estado de São Paulo

Coleção Aplauso Série Cinema Brasil

Coordenador Geral	Rubens Ewald Filho
Coordenador Operacional e Pesquisa Iconográfica	Marcelo Pestana
Projeto Gráfico e Editoração	Carlos Cirne
Editor Assistente	Felipe Goulart
Assistente	Edson Silvério Lemos
Tratamento de Imagens	José Carlos da Silva
Revisão	Wilson Ryoji Imoto

© **imprensaoficial** 2008

Dados Internacionais de Catalogação na Publicação
Biblioteca da Imprensa Oficial do Estado de São Paulo

Steinberg, Gustavo
    Fim da linha / Gustavo Steinberg e Guilherme Werneck;
storyboard de Fabio Moon e Gabriel Bá – São Paulo :
Imprensa Oficial do Estado de São Paulo, 2008.
    292p. : il. – (Coleção aplauso. Série cinema Brasil/
Coordenador geral Rubens Ewald Filho)

    ISBN 978-85-7060-633-4

    1. Cinema - Roteiros 2. Filmes brasileiros – História e
crítica 3. Fim de linha (Filmes cinematográficos) I. Werneck,
Guilherme. II. Moon, Fabio. III. Bá, Gabriel IV. Ewald Filho,
Rubens. V. Título. VI. Série.

                                        CDD 791.437 098 1

            Índices para catálogo sistemático:
    1. Filmes cinematográficos brasileiros : Roteiros : Arte
                791.437 098 1
    2. Roteiros cinematográficos : Filmes brasileiros : Arte
                791.437 098 1

Imprensa Oficial do Estado de São Paulo
Rua da Mooca, 1921   Mooca
03103-902   São Paulo   SP
www.imprensaoficial.com.br/livraria
livros@imprensaoficial.com.br
Grande São Paulo SAC 11 5013 5108 | 5109
Demais localidades 0800 0123 401

ctp, impressão e acabamento

imprensaoficial

Rua da Mooca, 1921 São Paulo SP
Fones: 2799-9800 - 0800 0123401
www.imprensaoficial.com.br